Sylvia Botheroyd

Woher kommt das Wort Jeans ?

Woher kommt das Wort Jeans ?

Ein kleines Etymologie-Lexikon

Ein kleines Wörterbuch der Wortgeschichte

– ab 12 Jahren

von

Sylvia Botheroyd

STUDIENKREIS®
Erfolgreich lernen mit System

verlegt bei

vfd

Verlag für Didaktik
Universitätsstraße 104 - Bochum
Telefon (02 34) 97 60-04

ISBN 3-924858-07-1

Woher kommt das Wort Jeans?
Ein kleines Etymologie-Lexikon
Ein kleines Wörterbuch der
Wortgeschichte

- ab 12 Jahren

von Sylvia Botheroyd
Technische Assistenz: Brendan-Martin Botheroyd

Herausgeber: STUDIENKREIS®
GfM, Gesellschaft für angewandte Methodik im Schulunterricht mbH
44799 Bochum, Telefon (02 34) 97 60-127
und Jürgen Hüholdt

1. Auflage: 100.000

Bild Umschlag: IMAGINE Fotoagentur GmbH

Druck und Bindung: Greven & Bechtold

Vorwort

Alarm, Angst, Apfelsine, Brille – natürlich wissen wir alle, was diese Wörter bedeuten. Aber fragt man sich nicht mitunter, wie sie entstanden sind? Wie kam ein Wort in die Sprache? Wer nannte das fahrradähnliche Gestell auf der Nase zum ersten Mal „Brille" und warum? Was bedeutet das „sine" in der orangenen Frucht? Sind früher bei Alarm alle an die Waffen gestürzt?

Unsere deutsche Sprache ist voll von spannenden Geschichten und dieses Büchlein erzählt viele von ihnen. Beim Blättern und Herumlesen kommt man aus dem Staunen gar nicht heraus und viel lernen wir darüber, woher wir kommen und warum wir sind, wie wir sind. Denn altbekannt ist, wie Sprache unser Denken und Fühlen ausdrückt, aber umgekehrt auch prägt. Und da sie beruflich wie privat eine wichtige Visitenkarte ist, kann das Wissen um ihre Ursprünge höchst nützlich sein.

Ich wünsche, dass im Schulalltag immer wieder Zeit ist für solche Entdeckungsreisen durch ein Reich, das uns lebenslang fesseln kann.

Dr. Florian Langenscheidt
Verleger, Autor, Fernsehmoderator

Grußwort des Herausgebers

Lieber Leser, – liebe Lehrer, Eltern und Schüler!

Woher kommen die Wörter, die wir jeden Tag mit einer Selbstverständlichkeit benutzen, als wäre es zwingend notwendig, dass der Tisch „Tisch" heißt? – Und woher kommt unsere deutsche Sprache, die die Sprachwissenschaftler zur sogenannten „indoeuropäischen Sprachfamilie" zählen?

Die genetische Urverwandtschaft zwischen dem Altindischen und den meisten modernen und toten europäischen Sprachen erkannte William Jones, Richter am obersten Gericht in Kalkutta, im Jahre 1783. Seine Entdeckung war eine Sensation. Viele seiner Nachfolger und Zeitgenossen schlossen daraus, dass es eine Art „Ursprache" – das „Indogermanische" – gegeben haben muss. Diese Hypothese ist aber bis heute unbewiesen und umstritten.

Eines beweisen jedoch die zahlreichen Wortgeschichten ganz ohne Zweifel: Sprache ist viel lebendiger als die Alltagssprache zunächst vermuten lässt. Sprache ist viel faszinierender in Bezug auf die Entwicklung der sprechenden Menschheit als unsere tägliche Schnellsprecherei nahe legt. Sprache kann einen Großteil unserer Kultur erklären, aber eben nicht nur die Unterschiede zu anderen Völkern, sondern ebenso verblüffend die großen Gemeinsamkeiten. Einem künftigen „Euroland" steht deshalb vergleichende Wortschatzarbeit gut zu Gesicht.

Dass die Etymologie – das ist die Lehre vom Ursprung der Wortbedeutungen – im modernen Deutschunterricht nicht selten zu kurz kommt, kann bereits darin seine Ursache haben, dass kein entsprechendes Nachschlagewerk zur Hand ist. Diese Situation möchte ich – ganz praktisch – verbessern. Dies ist mein Anliegen. Denn ich verfechte entschieden die These, dass wir unsere Kultur und Zivilisation besser erfassen können, wenn wir mehr über unsere eigene Geschichte, das heißt eben auch über unsere eigene Sprachgeschichte, wissen. Vor allem bin ich der Überzeugung, dass dem assoziativen Lernen der Weg geebnet wird, wenn interessante und markante (oft historische) Besonderheiten, und seien es nur Kuriositäten, einen Anker in unser Gedächtnis legen, um den herum sich neues Wissen „festsetzen" kann. Für ein „historisches Lernen" in diesem Sinne ist eine hundertprozentige wissenschaftliche Spurensicherung zwar wünschenswert, jedoch vielleicht weniger wichtig als die fruchtbaren Lernperspektiven für die Schüler selbst, vor allem, wenn man an die Altersgruppen ab 12 Jahren denkt.

Last, but not least ist Wortgeschichte aber auch unterhaltend und dürfte den Unterricht, nicht nur als „Appetizer" für spätere, vertiefende Lektüre, gründlich beleben. Der Lerneffekt dabei kann so spielerisch sein, wie wenn Kinder sich den PC erschließen und dabei ihr Englisch verbessern oder wie wenn sie die Songtexte ihrer Idole studieren. Warum sollen wir uns nicht *über* Sprache unterhalten und *dabei* die Sprache erlernen und unsere Sprachkompetenz vergrößern und verbessern? – Das ist der tiefere Sinn und das eigentliche Ziel der Beantwortung der Frage: „Woher kommt das Wort?"

Jürgen Hüholdt
Gründer und Geschäftsführer des STUDIENKREISES

ABKÜRZUNGEN

ahd.	althochdeutsch
altengl.	altenglisch
altfries.	altfriesisch
altfrz.	altfranzösisch
altind.	altindisch
altir.	altirisch
altnord.	altnordisch
altruss.	altrussisch
amer.	amerikanisch
ar.	arabisch
dt.	deutsch
engl.	englisch
europ.	europäisch
finn.	finnisch
fmhd.	frühmittelhochdeutsch
fnhd.	frühneuhochdeutsch
frz.	französisch
gallo-röm.	gallorömisch
gemeingerm.	gemeingermanisch
germ.	germanisch
got.	gotisch
griech.	griechisch
hebr.	hebräisch
indoeurop.	indoeuropäisch
ir.	irisch
it.	italienisch
Jh.	Jahrhundert
jidd.	jiddisch
kath.	katholisch
kirchenlat.	kirchenlateinisch
köln.	kölnisch
lat.	lateinisch
mhd.	mittelhochdeutsch
mittelir.	mittelirisch
mittellat.	mittellateinisch
mittelniederl.	mittelniederländisch
neulat.	neulateinisch
nhd.	neuhochdeutsch
niederdt.	niederdeutsch
niederl.	niederländisch
oberdt.	oberdeutsch
poln.	polnisch
port.	portugiesisch
röm.	römisch
russ.	russisch
schwed.	schwedisch
smhd.	spätmittelhochdeutsch
span.	spanisch
spätlat.	spätlateinisch
tschech.	tschechisch
türk.	türkisch
westgerm.	westgermanisch

Die mit Sternchen * versehenen Wörter sind erschlossene Wörter.

WORTEVERZEICHNIS

SEITE

Abc-Schütze

meint natürlich das i-Dötzchen oder wie sonst der Schulanfänger landschaftlich heißt. Abc steht für das erste Lesebuch, die Fibel. Was aber hat ein Erstklässler mit einem Schützen zu tun? Gar nichts im Grunde. Der ‚Schütze' beruht auf einem Irrtum. Dahinter steht lat. *tiro,* ‚Anfänger'. Besonders der Anfänger beim Militär, der Rekrut. *Tiro* wurde im 15. Jh. eingedeutscht, aber über frz. *tirer* oder it. *tirare,* was ‚schießen' bedeutet.

Abend

mhd. *abent,* ahd. *aband,* geht wahrscheinlich auf indoeurop. **epi,* ‚nach hinten', zurück. ‚Abend' wäre demnach der hintere, spätere Tagesabschnitt. Dem entspricht engl. *evening.* Engl. *eve* ist das Wort für den Vorabend, den Abend vor dem Fest, z. B. *Christmas Eve.* Die deutsche Sprache besitzt dafür kein besonderes Wort - es heißt ‚Heiligabend, Sonnabend'. Deutsch wiederum kennt das ‚Abendland', das es im Englischen nicht gibt. Es bezeichnet die westliche Welt, denn die Sonne steht am Abend im Westen.

Abitur und Abiturienten/Abiturientinnen

gehen auf lat. *abire,* ‚weggehen', zurück. *Abituriens* ist ‚derjenige, der weggehen will', also ein Oberschüler, der die Schule verlassen möchte. Als Preußen Ende des 18. Jh. zum ersten Mal für solche Schüler eine Prüfung abnahm, hieß sie ‚Abiturienten-Examen'. Das Wort war eindeutig zu lang, bald wurde es zu ‚Abiturium', dann zum ‚Abitur' und schließlich, unter Schülern heute, zum ‚Abi'.

Achse

Indoeurop. **ages* bedeutet sowohl Achse als auch Achsel. Dahinter steht die indoeurop. Wurzel **ag,* ‚mit geschwungenen

Armen treiben'. Den Sinn dazu finden wir im Wort ‚Acker', der Ort, wohin das Vieh ‚mit geschwungenen Armen' zum Weiden getrieben wird. ‚Achse' und ‚Achsel' bezeichnen Aufhängevorrichtungen, um deren Ende sich etwas dreht. Zuerst war das natürlich der Arm, nach der Erfindung des Wagens auch das Rad. Aber erst das Lateinische und das Germanische machten zwei Wörter daraus, indem die ‚Achsel' (Schulter) ein ‚l' angehängt bekam, ‚Radachse' keines: lat. *axis,* germ. **ahso,* ahd. *ahsa,* mhd. *ahse.* Nur Englisch tanzt mit *axle* aus der Reihe, aber nur weil das Altnordische, aus dem es stammt, sich das ‚l' wieder aneignete. Die Achse war so wichtig, dass sie bei den Griechen für den ganzen Wagen zu stehen kam. Unser umgangssprachliches ‚auf Achse sein' ist bereits mit mhd. *uf der ahse* im 13. Jh. bezeugt. Achse wurde auch schon früh auf die gedachte Linie, um die die Erde kreist, übertragen und von da auf die mathematische Achse.

acht

Die Zahl geht auf idg. **oktou* zurück, aus der Wurzel **ok* oder **ak* für ‚spitz'. Hält man nämlich beide Hände mit eingeklapptem Daumen vor sich, bilden sich zwei spitze Dreiecke von je vier Fingern und führen uns sehr anschaulich vor, was ‚acht' bedeutet. Griech. *okto,* lat. *octo,* it. *otto* sind der ursprünglichen Form noch sehr ähnlich, aber z.B. auch ir. *hocht,* russ. *vósem,* engl. *eight* oder frz. *huit* lassen die Verwandtschaft erkennen.

ächzen

‚Ach, wie traurig! Ach, wirklich?' Wie häufig geht uns ein ‚Ach!' über die Lippen, als Ausdruck des Schmerzes oder der Verwunderung! ‚Ächzen', mhd. *echzen, achzen,* bedeutet ursprünglich nichts anderes als oftmals ‚ach' sagen!

aktuell

In den Medien wimmelt es von aktuellen Tatsachen, Meldungen, Nachrichten, Preisen. ‚Aktuell' kam auch über die Journalistensprache aus frz. *actuel,* ‚wirklich', von lat. *actualis,* ‚tätig, wirksam', ins Deutsche. Dabei hat sich die Bedeutung zu ‚neu, zeitgemäß' verschoben. ‚Neueste Nachrichten' würden demnach dasselbe ausdrücken – nur tönt ‚aktuell' wichtiger!

Alarm

wie in ‚Feueralarm' oder ‚Alarmanlage', ist aus dem Weckruf der italienischen Soldaten, *all arme!,* ‚zu den Waffen!' zusammengezogen. Französisch hat *l'alarme* genauso aus *à l'arme* nachgebildet. Beides geht auf lat. *arma,* ‚Waffen', zurück.
Als mhd. *alerm,* nhd. *Alarm* oder *Lerman* kam es im 15 Jh. ins Deutsche. Übrigens, *Lerman* entwickelte sich zu ‚Lärm'.
‚Alarm schlagen' ist dem ‚Trommel schlagen' nachgebildet, denn durch Trommeln wurde vor Gefahr gewarnt.

albern

Ahd. *alawari* bedeutet ‚ganz freundlich', ‚vertrauensvoll, wahr'. Dahinter steckt die indoeurop. Wurzel **wer,* ‚Vertrauen', woraus auch ‚wahr' entstand. Damals wie heute galt der Überfreundliche, Vertrauensselige, als dumm. Prompt nimmt mhd. *alwaere* die Bedeutung von ‚einfältig, dumm' an. Heute ist noch ‚kindisch' dazugestoßen.

Algebra

Der arabische Mathematiker Al-Hwarizmi schrieb vor mehr als 1100 Jahren eine ‚Lehre von den Wiederherstellungen und Vergleichungen'. Ar. *al-gabar* bedeutet ‚Wiederherstellung' und bezieht sich auf die Umwandlung eines negativen in einen positiven Wert durch das Herüberholen auf die andere Seite der Gleichung. Latinisiert wurde daraus *algebra,* das sich die deutsche Sprache seit dem 15. Jh. zu Eigen gemacht hat.

Alkohol

entführt uns in die Alchemistenküche des ausgehenden Mittelalters, d.h. in die Labors der ersten Chemiker.
Ar. *al-kuhl,* (ausgesprochen ‚alkuhul'), bedeutet ursprünglich ‚feines Pulver'! Feinst zerriebener Bleiglanz war damit gemeint, der auf einer Salbengrundlage ein Mittel zum Schwarzfärben der Augenlider und Wimpern ergab. Bald wurde Feinstoffliches ganz allgemein so genannt. Der große Arzt und Naturforscher, Paracelsus, sprach um 1530 herum vom Weingeist oder Äthylalkohol als *Alcohol vini.* Bis ins 18. Jh. wurde Alkohol jedoch weiter ausschließlich für Destillate oder Essenzen benützt, bevor es endgültig auf Alkohol jeglicher Form übertragen wurde.

Alptraum, Albtraum

hat nichts mit ‚Alp', der friedlichen Bergwiese, zu tun, sondern mit ‚Alb' (ahd. *alb,* mhd. *alp),* ‚dem heimtückischen Nachtgespenst'. Dieses koboldhafte Elfenwesen sorgte für schreckliche Angstträume, indem es sich Schlafenden nachts auf die Brust setzte und Atemnot und Beklemmung hervorrief.
Im übertragenen Sinne – ‚Schon nur die Vorstellung davon ist mir ein Alptraum' – bedeutet ‚Alptraum' große, seelische Belastung.

Ampel

Was heute rot-gelb-grün den Verkehr regelt, bezeichnete einst den großen, bauchigen Tonkrug, in dem die antiken Völker Wein und Öl aufbewahrten. Wegen seiner zwei Traghenkel nannten ihn die Griechen *amphora,* aus *amphi,* ‚auf zwei Seiten', und *-phor,* ‚tragen', also das ‚beidseitig Tragbare'. Mit der lat. Verkleinerung *amphorula* war ein gläsernes Krüglein für Schminke, Parfüm oder Massageöl gemeint. Zu ahd. *ampulla* zusammengezogen, wurde im frühen Mittelalter daraus die

Bezeichnung für das mit Öl gefüllte Gefäß über dem Altar – das ewige Licht. Später hieß das Öllicht über dem Esstisch allgemein *ampulla,* bis es im 16. Jh. von ‚Lampe' abgelöst wurde. Mhd. *ampulle* blieb beim Gefäß. In der Medizin ergab sie das oben und unten verschlossene Glasröhrchen für Injektionsflüssigkeit. In der kath. Kirche ist die Ampulle der Krug für den Messwein oder das geweihte Öl. Im Laufe der Zeit rutschte die Ampulle, verkürzt zu ‚Pulle', in die Umgangssprache und verkam zur Schnapsflasche. Die Ampel, im Sinne von Beleuchtungskörper, wurde nach rund 400 Jahren wieder hervorgeholt – als Verkehrsampel. Anfangs unseres Jahrhunderts war sie noch über der Kreuzung aufgehängt, wie das ewige Licht über dem Altar!

Ampulle

gehört zur ‚Ampel'. Wie diese war auch die Ampulle ursprünglich eine griech. *amphora.* Sie verlor aber im Laufe der Zeit ihre Henkel und endete als ‚Glasröhrchen' der Mediziner.

Amt

ist eins der seltenen aus dem Keltischen entliehenen Wörter. Der *ambaktos* war der Leibeigene, Diener, Bote, Gefolgsmann seines Herrn. *Ambaktos* ist mit lat. *ambi* = ‚ringsum' und *actus,* von *agere,* ‚treiben, handeln', vergleichbar, bedeutet also ursprünglich ‚der Herumgeschickte' oder der, ‚der sich (um seinen Herrn) bewegt'. Was der germanische *ambaht* dann verrichtete, nämlich seinen Dienst, übernahm Ahd. als *ampaht,* Mhd. als *ambet.* Durch das Fallenlassen von ‚b' und ‚e' entstand unser Amt, das sowohl die Dienstaufgabe – z.B. das Amt des Bürgermeisters – als auch die Dienststelle – z.B. auf dem Arbeitsamt – bezeichnet.

Ananas

hieß in den südamerikanischen Indianersprachen Tupí oder Guaraní *nana.* Die Portugiesen, die als Erste im 16. Jh. diese tropischen Früchte einführten, setzten ihren Artikel ‚a' davor. Die Europäer fügten auch das Mehrzahl ‚-s' hinzu.

Angst

Von der indoeurop. Wurzel **anghu,* ‚eng, bedrängend, beklemmend', an beschreiben die Wörter für Angst sehr anschaulich, was passiert, wenn man Angst hat. Lat. *angustus,* ‚eng, schmal', und *angustiae,* ‚Enge, Klemme', gehören dazu. Ebenso lat. *angor,* das das Würgen (im Hals) meint - das Gefühl, wenn sich die Kehle vor Angst zusammenschnürt. Ahd. *angust* und mhd. *angest* gehen auf germ. **angusti* aus *angu,* ‚eng', zurück.

Anorak

ist ein Wort aus einer Eskimosprache. Die Kapuzenjacke gegen Wind und Schnee ist in der ersten Hälfte des 20. Jh. mitsamt dem Namen entlehnt worden. ‚Anorak' hängt mit dem Eskimowort für Wind, *anore,* zusammen.

Apfelsine

Die rot-gelbe Zitrusfrucht gelangte sowohl vom Norden als auch vom Süden her nach Deutschland - und das unter verschiedenen Namen! Seit 1500 führten Portugiesen süße Orangensorten aus Südchina ein. Für Norddeutschland waren Amsterdam und Hamburg die wichtigsten Einfuhrhäfen. Kein Wunder, dass die damals geltende, niederl. Bezeichnung *appelsina* gleich mitkam. Heute heißt es *sinaasappel,* aber gleichgültig ob Sina (der alte Name Chinas) oder *appel,* ‚Apfel', vorne oder hinten steht, die Bedeutung ‚Apfel aus China' bleibt sich gleich. Eine Zeitlang lief ‚Chinaapfel' neben ‚Apfelsine' her. Allerdings gelangte nur die zweite Form ins Hochdeutsche.

April

Bis ins 19. Jh., mehr als 800 Jahre lang, hieß der vierte Monat mancherorts ‚Ostermonat'. Erst dann wurde er endgültig von der lat. Bezeichnung verdrängt. *Aprilis* hat zwar ahd. *abrello,* mhd. *aprille* und auch frz. *avril,* it. *aprile,* engl. *April* ergeben, aber über die Herkunft des Wortes sind sich die Sprachwissenschaftler nicht einig.

Arbeit

hatte im Mittelalter einen schlechten Ruf. Ahd. *arabeit,* mhd. *arebeit* bedeuten ‚Mühsal, Plage, arbeiten', ‚sich abmühen, quälen' und ‚arbeitsam, beschwerlich'. Indoeurop. **orbho,* ‚verwaist, Waise', und germ. **arbejo,* ‚ich bin eine Waise', sprechen Bände. Es ging um Kinderarbeit: Elternlose Kinder mussten ihren Lebensunterhalt mit schwerer körperlicher Arbeit abverdienen. Die verwandten Wörter, poln. und russ. *robota* und *rabota* tragen dieselbe negative Bedeutung und Altkirchenslavisch doppelt nach mit *rabota* ‚Knecht, Sklave'. Erst die Reformation setzte eine andere Haltung zur Arbeit durch. Martin Luther vertrat sie als eine dem Menschen entsprechende, ihm würdige Aufgabe. Jetzt wird das Wort auch auf geistige Tätigkeit ausgedehnt. Die bürgerliche Gesellschaft und der Kommunismus waren sich hier einmal über den positiven Wert der Arbeit für Mensch und Gesellschaft einig. Das ging so weit, dass Arbeit als eigentlicher Lebenszweck aufgefasst wurde. Auch wenn heute ‚arbeitsam' ‚fleißig' heißt, ist die Haltung der Arbeit gegenüber wieder kritischer geworden, nicht nur was Klassenarbeiten anbetrifft.

arm

verwandt mit ‚Arbeit', geht ebenfalls auf indoeurop. **orbho,* ‚verwaist, elend', zurück. Im Deutschen bedeutete es anfänglich ‚bemitleidenswert, unglücklich' und erst später kam die

Erweiterung zu ‚ohne (Geld-)Mittel' hinzu. Der Zusammenhang entscheidet heute über den Sinn, z.B. ‚Die Familie ist arm dran' = bedauernswert. ‚Die Familie ist bitter arm' = mittellos.

Arzt

Den ‚Oberarzt' könnte man an sich als überflüssig streichen. Griech. *archiatros,* der Titel des Hofarztes in der Antike, bedeutet nämlich bereits ‚Erzarzt' (wie ‚Erzengel'), also ‚oberster Arzt'. Ahd. *arzat,* mhd. *arzet* wurden über lat. *archiater* entlehnt, in der Bedeutung ‚Leibarzt' (des mittelalterlichen Fürsten).

August

Der achte Monat des Jahres verewigt den ersten römischen Kaiser, Octavian. Mit Beinamen hieß er Augustus, was ‚der Erhabene' bedeutet. Ahd. *ougusto, agusto,* mhd. *ougest* oder *ougst,* und unsere heutige Form, August, ließen einen einheimischen Namen gar nicht erst aufkommen. Nicht einmal der von Karl dem Großen vorgeschlagene ‚Erntemonat' konnte sich durchsetzen. Auch wenn es nicht mehr sofort ersichtlich ist – frz. *août* leitet sich ebenfalls von ‚Augustus' her.

Auto

griech. *autos,* ‚selbst, eigen, persönlich', ist gewöhnlich eine Vorsilbe (vgl. Autogramm, Automat, Automobil), steht aber im heutigen Sprachgebrauch auch für ‚Kraftfahrzeug'.

Autogramm

verbindet griech. *autos,* ‚selbst', und *gramma,* ‚Geschriebenes', von *graphein,* ‚schreiben'. Wörtlich bedeutet ‚Autogramm' also das ‚Selbstgeschriebene', gemeint ist, natürlich, der selbst geschriebene Namenszug.

Automat

von griech. *automatos,* ‚aus eigenem Antrieb, sich von selbst bewegen', bezeichnet einen Apparat oder eine Maschine, die gewisse Arbeitsschritte eigenständig tun kann.

Automobil

Das ungekürzte Wort für ‚Kraftfahrzeug' verbindet griech. *autos,* ‚selbst', mit lat. *mobilis,* ‚beweglich'. ‚Automobil' ist demnach ‚der Selbstbeweger', das heißt, das Fahrzeug, das ohne Zugpferd auskommt.

Bad

Ahd. *bad,* mhd. *bat,* engl. *bath,* schwed. *bad* sind nicht nur untereinander, sondern auch mit dem Verb ‚bähen' verwandt. ‚Bähen' bedeutet ‚in feuchte Wärme bringen, feuchtwarme Umschläge machen'. (In Süddeutschland und der Schweiz noch ‚toasten'.) ‚Bad' wäre demnach ‚das Gewärmte, Erhitzte'!

Bahn

Wo heute eine Straße durch einen Wald gelegt wird, kommen wir den Umständen am nächsten, die das Wort ‚Bahn' entstehen ließen. Mhd. *bane* hängt mit got. *banja,* ‚(tödlicher) Schlag, Wunde', zusammen, aus der indoeurop. Wurzel **bhen,* ‚schlagen, verwunden'. ‚Bahn' meinte darum ursprünglich wohl ‚Durchhau durch einen Wald', was im Ausdruck ‚Bahn brechen' oder ‚bahnbrechend' für ‚den Weg (für etwas Neues) bereiten' noch nachklingt. Bei ‚Bahn' – Abkürzung von ‚Eisen- oder Straßenbahn', ‚Rennbahn, Autobahn, Tuch- und Tapetenbahn' usw. – ist die Vorstellung einer langen, geraden Strecke wichtig. Bei der ‚Bahn eines Himmelskörpers oder eines Satelliten', der ‚Achterbahn oder Rodelbahn' steht im Vordergrund, dass von dieser Bahn nicht abgewichen werden kann ohne schlimme Folgen.

balancieren

aus frz. *balancer,* ‚(sich) im Gleichgewicht halten, schwanken', bringt uns ins Zirkuszelt. Das Leben der Seiltänzer hängt davon ab, ob sie balancieren können. Das Verb geht auf lat. *bilanx* aus *bi,* ‚zwei', und *lanx,* ‚Schale', also ‚zwei Schalen besitzend' zurück. Gemeint sind natürlich die Schalen einer Waage, die im Gleichgewicht sein müssen, bevor gewogen wird.

bändigen

Will ein Lehrer eine Klasse bändigen, möchte er sie eigentlich ans Band, an die Leine, gewöhnen. Mhd. *bendic*, fnhd. *bändig* bedeuten ursprünglich nämlich ‚an die Leine gewöhnt oder gelegt, am Band festhalten' – vom Hund, versteht sich. Das Adjektiv *bändig* ist aus der Sprache verschwunden. Geblieben ist ‚unbändig' (z.B. ‚unbändig lachen, unbändig fluchen'), also ‚nicht an der Leine zu halten', ‚wild'.

Bank

Sitzgelegenheit und Geldinstitut gehen auf germ. **bankiz, banki,* verwandt mit der indoeurop. Wurzel **bheg,* ‚biegen, wölben', zurück. Damit war eine ‚gebogene, gerundete Erdaufschüttung zum Sitzen' gemeint. Ähnliches bezeichnete altnord. *bakki:* ‚Erhöhung, Flussufer', wie engl. *bank* bis heute. Aber so weit von unseren Vorstellungen ist das auch wieder nicht. Es gibt die ‚Sandbank' und in der Romantik setzten sich Verliebte gern auf eine schattige ‚Rasenbank', nach *Duden* ein ‚längliches, erhöhtes, abschüssiges Rasenstück'. Bei den Germanen muss es sich also ursprünglich um Sitze aus Erde unter freiem Himmel gehandelt haben, auf denen mehrere Personen Platz nehmen konnten. So etwas ließ sich natürlich auch in Holz nachbilden und so sind wir beim Möbel angelangt, das noch heute in Küchen, Turnhallen, Kirchen oder Parks steht. Die Wendung ‚auf die lange Bank schieben' für ‚aufschieben, verzögern' bringt die Banktruhen mittelalterlicher Rechtsanwälte, die Vorläufer unserer Aktenschränke zurück. Was darauf einmal abgelegt war, wurde mit sprichwörtlicher Gemächlichkeit erledigt. ‚Durch die Bank', ‚ohne Unterschied' spielt darauf an, dass alle, die auf einer Bank sitzen, ob in der Schule, im Gericht oder in der Kirche, dieselben Rechte haben.

bankrott

zahlungsunfähig, ist entlehnt aus it. *banco rotto* oder *banca rotta. Banca* ist das ursprünglich germ. Wort für Bank; *rotto, rotta,* von lat. *ruptus,* heißt ‚zerbrochen, kaputt'. Verschuldeten Geldwechslern warfen ihre Gläubiger die Wechseltische um. Dabei dürfte mehr als nur die Tische zu Bruch gegangen sein.

Bär

Bären im Zoo sind harmlos - in freier Wildbahn schon weniger! Wie alle alten Völker verband die Germanen sowohl Furcht als auch Ehrfurcht mit dem mächtigen Raubtier - Furcht vor seiner Körperstärke, Ehrfurcht vor den ihm zugeschriebenen göttlichen Kräften. Um ihn nicht herbeizurufen, vermieden sie seinen wahren Namen auszusprechen und nannten ihn statt dessen **beran,* den ‚Braunen', aus indoeurop. **bhero,* ‚braun'. Daraus sind auch ahd. *bero,* mhd. *ber,* engl. *bear,* niederl. *beer,* schwed. *björn* entstanden. Übrigens, die Slaven taten genau dasselbe. Auf Russisch heißt der Bär *medved,* ‚Honigesser'.

barbarisch

Griech. *barbaros* heißt ‚der Fremde, der Nichtgrieche' (Barbara, die ‚Fremde, die Ausländerin'). Altind. *barbara-h,* ‚stammelnd', beschrieb den Fremden, der, der Landessprache unkundig, unverständlich babbelte. Inder, Griechen, Römer hielten Fremde deshalb für unzivilisiert, roh, ungesittet, eben barbarisch, was sie als Wort und Bedeutung den verschiedenen europäischen Sprachen vermachten. Im 17. Jh. kamen noch ‚grausam' und ‚unmenschlich' hinzu. Ausländerfeindlichkeit ist offensichtlich ein Übel mit sehr langen Wurzeln.

Bart

geht auf indoeurop. **bhardha* zurück und meint eigentlich das ‚Abstehende, starr Emporstehende'. Indoeurop. **bhar* liegt

‚Spitz, Stachel, Borste, Bürste', auch dem ‚Barsch', dem Raubfisch mit den stachelbewehrten Flossen, zugrunde. Das Adjektiv ‚barsch', (z.B. ‚mit barscher Stimme, in barschem Ton'), heißt heute ‚unfreundlich', ‚abweisend', ursprünglich jedoch ‚scharf, spitz'.

Bauer

hat nichts mit ‚bauen' zu tun, auch wenn ‚Bäcker' und ‚backen', ‚Jäger' und ‚jagen', ‚Lehrer' und ‚lehren' zusammengehören, sondern mit ahd. *bur,* ‚Haus, Kammer'. Ahd. *giburo* setzt die Silbe ‚ge' davor, im Sinne von ‚zusammen', ‚mit'. ‚Der Bauer' war ursprünglich schlicht der Mitbewohner, der Hausgenosse.

befehlen

ahd. *felahan,* ‚Saatgut in den Boden bringen, der Erde anvertrauen', wurde bald ersetzt durch *bifelahan,* ‚übergeben, anvertrauen, begraben'. Ein Amt, ein Auftrag, Verantwortung wurde also jemandem ‚befohlen', im Sinne von ‚anvertraut'. Bei ‚jemandem einen Auftrag geben, übergeben' schlägt die Bedeutung um zu ‚anordnen, dass etwas geschieht, jemanden etwas tun heißen', wie sie heute benützt wird. Im Märchen findet man noch ‚befehlen' für ‚anvertrauen'. ‚Gott befohlen', zum Abschied, bedeutet, dass die Zurückgebliebenen Gottes Schutz anvertraut werden sollen; ‚seine Seele Gott befehlen', ‚seine Seele Gott übergeben'.

begreifen

Ahd. *bigrifan,* mhd. *begrifen* bedeutete zunächst ‚anfassen, betasten, mit den Fingern umgreifen' und erst danach ‚verstehen, geistig erfassen'. Das Verb wird also von einem körperlichen zu einem geistigen Vorgang ausgeweitet. Begriffen?

behaupten

Das Grundwort zu ‚behaupten' ist mhd. *houbet,* ‚Haupt', im Sinne von ‚Oberhaupt, Herr'. Dazu gab es zwei Verben: *houbeten,* ‚als Oberhaupt anerkennen', ‚sich als Herr ansehen', und *behoubeten,* ‚sich als Herr einer Sache erweisen'. Über das Militär kam im 16. Jh. noch die Bedeutung ‚mit Erfolg verteidigen' hinzu. All dies führt zur modernen Bedeutung ‚Unbewiesenes mit Überzeugung als richtig hinstellen', ‚an seiner Aussage mit Erfolg festhalten'.

Bein

Zusammensetzung wie ‚Nasenbein, Schienbein, Schlüsselbein oder Elfenbein' erinnern daran, dass ‚Bein' einmal enger gefasst war als heute: Durchgehend steht ‚Bein' hier für ‚Knochen'. (Es ist also tautologisch, doppelt gemoppelt, wenn man vom ‚Schlüssel- oder Schienbeinknochen' spricht!) Mit ‚Gebein' sind alle Knochen im Skelett gemeint und wenn ein Schrei durch ‚Mark und Bein' geht, spürt man das bis in die Knochen. Germ. **beina* ist erschlossen worden, und da das Altnordische das Adjektiv *beinn* für ‚gerade' kannte, waren wohl die langen, geraden Röhrenknochen gemeint. Ahd. und Mhd. weiten die Bedeutung auf das ganze Bein aus – Knochen, Sehnen, Muskeln und Haut miteingeschlossen.

Benzin

ist ein künstliches Wort. Der Chemiker Eilhard Mitscherlich benannte 1833 den von ihm gewonnenen Kohlenwasserstoff aus Benzoeharz so. Das Harz selbst war bekannt. Die Araber handelten damit und nannten es *luban gawi,* ‚Weihrauch aus Java'. Sie irrten sich jedoch: Benzoeharz kam von der Nachbarinsel Sumatra. Ein zweiter Irrtum steckt im europäischen Namen. Die spanisch-portugiesischen Händler ließen das *lu* von *luban gawi* weg, im Glauben, es sei der Artikel! So wurde span. *benjui,* port. *beijom,* franz. *bengin* und it. *benzoi* daraus.

In der Chemie wurde die lat. Form ‚Bezoe' gebraucht, an deren Stamm Mitscherlich ‚-in' anhängte. Schon im folgenden Jahr wurde Benzin auf das Wasserstoffgemisch aus Steinkohle übertragen, womit unsere Autos fahren. Für Mitscherlichs Produkt wurde ein weiteres Kunstwort aus ‚Benz' geprägt – ‚Benzol'.

bequem

Ahd. *biquami,* mhd. *bequaeme* gehören zum ahd. Verb *quemen,* ‚kommen'. Das Adjektiv beschrieb also, wie die Dinge zu sein hatten, damit sie dem Menschen, als Glied einer streng geordneten Gesellschaft, ‚bekömmlich' waren. ‚Bequem' bedeutete damals ‚passend, schicklich, angemessen'. Ein Kleid z.B. war ‚bequem', wenn es zu Rang, Stand und Situation passte – nicht weil es unbedingt angenehm zu tragen war. Seit dem 18. Jh. hat sich das grundlegend geändert: ‚Bequem' heißt heute ‚angenehm, faul, träge' – das was dem Einzelnen passt.

besitzen

ahd. *bisizzen,* mhd. *besitzen* hieß ‚um etwas herumsitzen, etwas belagern', dann ‚sich auf etwas setzen'. Einleuchtend, wie es zur Bedeutung ‚etwas sein eigen nennen' kam: Das, worauf man sitzt, kann einem keiner wegnehmen.

Beton

Das Wort für den Mörtel aus Zement, Sand und Wasser, ohne den kein modernes Gebäude zusammenhalten würde, führt über franz. *béton* aus lat. *bitumen* in die Antike. Bitumen, in der Chemie noch heute so genannt, ist natürlich vorkommendes Erdpech, wie es damals in Brocken aus dem Toten Meer gefischt werden konnte. Als teerartige Masse wurde es zum Bauen verwendet, einträglicher aber war der Export von Bitumen nach Ägypten. Es spielte dort eine wichtige Rolle bei der Einbalsamierung und Mumifizierung der Toten.

betrachten

Mit ahd. *bitrahton* war nicht, wie heute, ‚anschauen', sondern ‚bedenken, erwägen, überlegen' gemeint. Als im frühen Nhd. ‚etwas nachdenklich anschauen' dazukam, waren die Weichen für unsere Bedeutung ‚aufmerksam, gründlich ansehen, beschauen' gestellt. Bürokratische Formeln wie z.B. ‚in Anbetracht der Tatsache' – wenn man die Tatsache überlegt – haben die alte Bedeutung beibehalten. Erstaunlich, wenn man es so betrachtet.

Bett

germ. *badja,* ‚Bett, Polster', ist herkunftsmäßig nicht zweifelsfrei klärbar. Denkt man an einen eiskalten Wintermorgen, ist die eine mögliche Verwandtschaft mit ‚Bad' sehr einleuchtend. ‚Bett' hätte dann ursprünglich ‚der warme Ort, wo die Kälte nicht hinkommt' bedeutet. Die Germanen übernahmen die aus dem Mittelmeerraum bekannten, frei stehenden Betten erst im Mittelalter. Sie schliefen auf strohgepolsterten Bänken, die den Wänden entlang liefen. Daher wird eine Verbindung mit Bank ebenfalls in Betracht gezogen. Fest steht, dass es Federbetten und Kissen, ahd. *fedarbetti,* bereits gab. Bis ins 16. Jh. bedeutete Bett, wie engl. *bed,* sowohl das Lager als auch das Blumenbeet.

betucht

wie in ‚ein betuchter alter Herr', heißt ‚in guter Situation, wohlhabend' und hat nichts mit ‚Tuch' zu tun, auch wenn er in einem Anzug von bestem Tuch daherkommen sollte. Das Wort kommt von jidd. *batuach,* ‚sicher, vertrauensvoll, verschwiegen', und galt als Kompliment für einen (finanziell) zuverlässigen Handelspartner – der war, in der Regel, eben ‚wohlhabend'.

bi-

ist häufig eine Vorsilbe lat. Lehnwörter mit der Bedeutung ‚zwei', ‚doppelt'. Bilaterale Verträge z.B. gehen zwei Seiten an, ‚binomisch' bedeutet zweigliedrig, der Bizeps ist der Muskel mit dem zweifachen Ansatz, die Billion die doppelte Million und Biskuit ist das doppelt Gebackene (vgl. Zwieback, balancieren, Bit und Byte).

Bibel

Preisfrage – was haben Bluejeans und Bibel gemein? – Beide sind nach einer Hafenstadt benannt, die Jeans nach Genua, die Bibel nach dem antiken Byblos, dem heutigen Jubail (Dschubail) nördlich von Beirut im Libanon. Das war nämlich der Hauptausfuhrhafen für griech. *byblos,* Bast, und daraus gefertigte Papierrollen aus ägyptischem Papyros. Voll geschrieben ergab eine solche Rolle ein Buch, griech. *biblos,* im Plural *biblia.* Auf mehrere solche Rollen waren das Alte und das Neue Testament verteilt, sodass im Kirchenlatein *biblia,* ‚die Bücher', schlicht für ‚die Heilige Schrift der Christen' zu stehen kam. Gekürzt ergab das dt. ‚Bibel'.

billig

Im guten Geschäft hört man heute ‚billig' nicht gerne, stattdessen heißt es ‚preiswert'. Nun, genau das war ‚billig' im Mittelalter. In unserer Wendung ‚recht und billig' gilt noch der alte Sinn ‚angemessen'. Ahd. *billih,* mhd. *billich,* bedeutete ‚gerecht, passend, gemäß', der Preis entsprach einem guten Produkt. ‚Billig' hat also eine Abwertung erfahren – es ist zu ‚minderwertig' geworden, auch im übertragenen Sinne, z.B. ‚billige Ausrede'.

Bio-
griech. *bios,* heißt ‚Leben', ‚das Leben betreffend'. In Zusammensetzungen nimmt es heute gerne den Sinn von ‚naturbelassen, umweltfreundlich' an, z.B. ‚Bio-Gemüse', ‚Bio-Tonne'. (Vgl. Biographie, Biologie, Biotop.)

Biographie
Es gibt kaum Spannenderes, als die Biographien (griech. *bios,* ‚Leben', und *graphein,* ‚schreiben'), die Lebensbeschreibungen, Lebensgeschichten, Lebensläufe berühmter Männer und Frauen zu lesen. Wer eine solche Beschreibung verfasst, ist ein ‚Biograph', eine ‚Biographin'.

Biologie
aus griech. *bios,* ‚Leben', und *logos,* ‚Lehre', ist die Wissenschaft vom Leben und all seinen Zusammenhängen, wie es sich äußert in Mensch, Tier und Pflanze in der ganzen belebten Natur.

Biotop
Die Verbindung von griech. *Bios,* ‚Leben', und *topos,* ‚Ort', kam 1908 zustande für einen Lebensraum, in dem Pflanzen und Tiere gegenseitig aufeinander einwirken. Es wird heute gerne als gehobeneres Wort für ‚Gartenteich' gebraucht.

Bit
ist ein Kunstwort der Computersprache des 20. Jh., ein Kürzel aus engl. *binary digit.* Das setzt sich aus lat. *binarius,* ‚zwei enthaltend', und *digit,* ‚Zahl, Ziffer', zusammen. ‚Bit' ist die aus zwei möglichen Zuständen bestehende Informationseinheit (vgl. bi-, digital).

blau

(ahd. *blao,* mhd. *bla.*) Wenn ein frühmittelalterlicher Schreiber lat. *flavus,* ‚goldgelb, blond', mit ahd. *blao* übersetzte – konnte der etwa wohl kein Latein? War er farbenblind? Die Lösung ist viel unerwarteter. Indoeurop. *bhleuos* konnte sowohl ‚blau' als auch ‚gelb oder blond' heißen. Nicht auf die Farbe als solche kam es an, sondern auf ihren schimmernden Glanz. *Blao* fing also den wolkenlosen, sonnenüberglänzten, lichten Himmel ein. Das lässt sich noch heute ein wenig nachvollziehen. ‚Ins Blaue fahren' besagt ja auch nicht, dass man in einen blauen Ort hineinfährt, sondern in die schimmernde, daher lockende, oft bläulich scheinende Ferne! Im Mhd. ist *bla* auf das, was wir heute unter *blau,* die Franzosen unter *bleu* und die Engländer unter *blue* verstehen, festgelegt worden.

blicken

hat mit dem Blitz, dem plötzlich aufleuchtenden Lichtstrahl zu tun – und mit Blech. Ursprünglich meint Blech nämlich ‚das Glänzende', weil das Metall Lichtstrahlen zurückwirft. Ahd. *blicchen* und mhd. *blicken* bedeuten ‚strahlen, glänzen', aber auch schon, wie heute, ‚(schnell) hinschauen'. Das mittelalterliche Verb hält also das Aufleuchten, das Strahlen, unserer Augen beim Anblick von etwas Interessantem fest, dann erst kommt das Sehen. Im Deutschen ist nur noch dieses übrig, während niederl. *blikken,* ‚glänzen, funkeln, blicken', beides bewahrt hat.

blöd(e)

Dieses Allerweltswort, das sich ebenso gut auf Mitschüler, Lehrer und Klassenarbeiten anwenden lässt, hat in seinem rund 1200-jährigen Bestehen die verschiedensten Bedeutungen angenommen: ahd. *blodi,* ‚scheu, unwissend, ängstlich, träge', mhd. *bloede,* ‚gebrechlich, zart, zaghaft', nhd., seit dem 17. Jh.,

‚schwachsinnig, verrückt' neben ‚dumm, albern, ärgerlich'. Abgesehen davon heißt niederl. *blood* ‚schüchtern, feige' und schwed. *blöd* ‚weich, empfindsam'. Nur, woher sich das alles herleitet, ist nicht zweifelsfrei zu finden. Blöd, nicht?

blond

ist im 17. Jh. von frz. *blond* entlehnt worden. Es geht, wie auch it. *biondo* und span. *blondo,* auf lat. *blundus* zurück. Es könnte sich um ein germanisches Wort gehandelt haben. Schließlich waren die Germanen blond und nicht die Römer!

Bock

geht auf indoeurop. *bhugnos* zurück. Verwandt ist altind. *bhujati,* ‚biegen', womit die gebogenen Hörner des Ziegenbocks gemeint sind. Ins Germanische kann *boc* aus dem Keltischen gekommen sein – noch heute heißt der Ziegenbock im Irischen *poc(án).* ‚Bock' ist jedoch auch auf andere (horntragende) Tiermännchen übertragen worden, z.B. Reh- oder Schafbock. Die Widerspenstigkeit des Ziegenbocks ist sprichwörtlich – nicht umsonst gibt es das Adjektiv ‚bockig'. Vom Tier, das seine vier Beine in den Boden stemmt und sich keinen Zentimeter bewegt, ist die Bezeichnung auf das Gestell zum Turnen übertragen worden. ‚Einen Bock haben' meint, besonders in der Kleinkindersprache, in einer Trotzphase stecken. So müssten Jugendliche, wenn sie ‚keinen Bock haben', eigentlich zur Zusammenarbeit bereit sein – sind sie aber nicht. Darum hat ‚Bock haben' oder ‚Null Bock' für ‚Lust haben bzw. keine haben' möglicherweise gar nichts mit dem Bock zu tun, obwohl dabei seine ebenso sprichwörtliche Geilheit angesprochen würde. ‚Geiler Bock' ist nicht umsonst eine abwertende Bezeichnung für einen triebhaften, hemmungslosen Mann. Für die Jugendsprache kommt daher eher eine Entlehnung aus Romano, einer der Zigeunersprachen, in Frage. *Bokh, bukh* kommt ursprünglich aus dem Indischen und bedeutet – Hunger. Bock haben oder das Gegenteil hieße dann ‚Hunger, Appetit haben auf' oder eben nicht. Die Buxe ist übrigens die Hose aus Bocksleder.

Bonbon

Ob Hustenbonbon oder was auch immer – hier ist einfach das frz. *bon* ‚gut', aus lat. *bonus* verdoppelt worden. ‚Bonbon' ist wörtlich also das ‚Gutgute'.

brav

wird heute vor allem im Sinne von ‚artig, folgsam, lieb', aber auch ‚bieder, hausbacken' gebraucht, während die Bedeutung ‚tüchtig, tapfer' (‚ein braver Kerl, ein braver Soldat') veraltet. Ursprünglich kommt das Wort von lat. *barbarus,* gelangte als *bravo,* ‚wild, mutig', ins It., als *brave* – bei verschiedener Aussprache, aber gemeinsamer Bedeutung ‚tapfer' – ins Frz. und Engl. und als ‚tüchtig, tapfer' ins Deutsche. Im 19. und frühen 20. Jh. wandelte es sich weiter zu ‚gehorsam, folgsam, redlich' und jetzt sind wir wieder am Punkt, an dem die Bedeutung eine neue Richtung einschlägt. (Vgl. barbarisch.)

Brille

Unser ‚Nasenfahrrad' verdankt seine schriftdeutsche Benennung einem glasklaren Halbedelstein, dem Beryll (aus griech. *beryllos*). Er heißt nach seinem Herkunftsort, der südindischen Stadt Belur. Zurechtgeschliffen wurde er im Mittelalter als Guckfensterchen in Reliquienschreine eingesetzt. Dabei wurde seine Eigenschaft entdeckt, Gegenstände zu vergrößern. Um 1300 fassten oberitalienische Goldschmiede zum ersten Mal Berylle als Sehhilfe. Ursprünglich bestand sie nur aus einem Glas, einem ‚bril' – unsere ‚Brille' ist eigentlich die Pluralform für zwei Gläser und bekommt in ‚die Brillen' noch einmal eine Pluralendung draufgesetzt.

Buch

Die Annahme, dass die Buche über Runenstäbchen oder beschriftete Buchenholzplatten zu Rune, Buchstabe und Buch geführt hat, gilt nicht mehr. Germ. **boks,* ‚das (vom Schicksal) Zugeteilte', also das Los, aus der indoeurop. Wurzel **bhag,* ‚zuteilen', steht am Anfang. Da das Los mittels Runenstäbchen bestimmt wurde, nahm *boks* die Bedeutung ‚Rune, Zeichen, Buchstabe' an. Und die Buchstabensammlung machte schließlich das Buch aus. So erklärt es sich, dass ahd. *buoh* und mhd. *buoch* Plurale sind und ‚lesen' bis in die mittelhochdeutsche Zeit mit *an den buochen lesen* ‚an den Büchern bzw. den Schriftzeichen ablesen' ausgedrückt wurde.

Buchstabe

germ. **boks* (vgl. Buch) und ahd. *stab* (ursprünglich der Runenstab) bedeuten einzeln bereits ‚Buchstabe' und zusammengesetzt ahd. *buohstabe,* mhd. *buochstabe* gleich noch einmal. In der frühen Zeit gab es eine Unterscheidung: *buohstabe* war das im Buch verwendete, lat. Schriftzeichen, *stab* das in Holz oder Stein geritzte Runenzeichen.

Büro

frz. *bureau,* kam im 17./18. Jh. als Lehnwort ins Deutsche. Seit 1920 ist auch die Schreibweise eingedeutscht. Den Auslöser für dieses Wort bildete ein grober, kratziger, wohlfeiler Wollstoff, lat. *burra,* frz. *bure* oder *burel.* In den fränkischen Kanzleien diente Burel als Schreibunterlage oder um das Zählen von Münzen zu erleichtern. Die Schreibtische wurden damit bespannt, worauf sich *bureau* erst auf den Schreibtisch, dann auf den ganzen Raum, die ganze Schreibstube, übertrug. So ist es bis heute geblieben.

Byte

wurde zu Bit geschaffen. Es ist ein Kunstwort der Computersprache. Ein Byte besteht aus einer Folge von acht Bits. (Vgl. Bit.)

Chance

Das im Deutschen unbekannte, nasale ‚n' weist bereits auf das Lehnwort aus dem Französischen hin. Dahinter steckt *cadentia,* vielleicht vorromanisch, vielleicht vulgärlatein, jedenfalls nicht eindeutig geklärt. Es ist mit lat. *cadere,* ‚fallen', verbunden und fest steht nur, dass diejenigen, die es im Munde führten, leidenschaftliche Knobler waren. *Cadentia* bezeichnet nämlich den Augenblick, in dem der Würfel auf der Unterlage landet und, wortwörtlich, einen Glücksfall tut. Vom Glücksfall wurde Chance auf die ‚günstige Gelegenheit, die guten Umstände fürs Gelingen' erweitert.

Chaos

griech. *chaos* enthält in knappster Form die Vorstellungen, die sich klassische Philosophen von der Entstehung der Welt machten. Nach Hesiod gab es am Urbeginn nur die gähnende Leere des Weltraums, Aristoteles sprach vom ‚leeren Raum', Plato und Ovid von der ungeordneten, gestaltlosen Urmasse der Welt, vom wüsten Durcheinander. Parallel dazu wurde Chaos auch im Sinne von Luft und Äther verstanden. Vor allem in den beiden letzten Bedeutungen kam das Lehnwort im Laufe des 17. Jh. ins Deutsche hinüber. Heute steht Chaos für ‚totale Unordnung' – ‚Räum' dein Zimmer auf, da herrscht das reine Chaos' – während *Chaos,* ‚Luft', zum Kunstwort ‚Gas' geführt hat. *Chaotisch,* ‚ungeordnet, wirr', wurde im 17./18. Jh. davon abgeleitet. ‚Chaot' ist wiederum von ‚chaotisch' rückgebildet, ursprünglich für rebellierende Jugendliche der Sechzigerjahre, dann allgemein für ‚Unruhestifter, Radikale', heute ein milder Schimpfname unter Schülern.

Chemie

kam als Lehnwort, *Chymie,* im 17. Jh. ins Deutsche, nicht direkt aus griech. *chemeia,* ‚Kunst der Metallverarbeitung, der Legierung', sondern über den Umweg *alchemie,* der mittelalterlichen Goldmacherkunst. Alchimisten mühten sich, die Rätsel des Lebens zu lösen und hinter die Geheimnisse der stofflichen Welt zu kommen. Sie suchten nach Mitteln um Stoffe nach Belieben umzuwandeln, wie z.B. unedle Metalle in Gold. Die Alchemie ist der Vorläufer unserer modernen Chemie. Das Wort aus altfrz. *alchemie* und span. *alquimia* geht auf arab. *al-kimiya* zurück, bei genauem Hinsehen ein alter Bekannter – das griech. Wort *chemeia!*

Chip

kann im Deutschen ‚Spiel-, Wertmarke, Metallplättchen in der Elektronik' oder, im Plural Chips, ‚gebackene Kartoffelscheibchen' heißen. Es ist in unserem Jahrhundert aus engl. *chip,* ‚Holzspan, Splitter, Abschnittchen', entlehnt, über das Verb *to chip,* ‚abbrechen, splittern, abschneiden, in Scheiben schneiden'. Was für die verschiedenen Bedeutungen im Deutschen zählt, ist wohl die runde, flache Form. Wie sich ein solches Lehnwort verselbstständigen kann, merkt man spätestens, wenn man in England *chips* bestellt und Pommes bekommt – Chips heißen dort nämlich *crisps.*

Comics

Mickey Mouse, Wendy, Batman, Popeye, und wie sie alle heißen. Seit 1920 gibt es das aus engl. *comic,* ‚komisch, witzig', und *strips,* ‚Streifen', zusammengezogene Sammelwort. *Comics* heißt ursprünglich die einzelne Bilderfolge, die als Fortsetzung in Zeitung und Zeitschrift erscheint, bevor das Heft mit *comics* an der Bude erhältlich ist.

Computer

Wenn überhaupt eingedeutscht, so wird im Alltag wohl kaum von ‚elektronischer Datenverarbeitungsanlage', sondern, kurz, vom ‚Rechner' gesprochen. Das ist eine exakte Lehnübersetzung, denn engl. *to compute,* aus lat. *computare,* ‚zusammenrechnen, rechnen', bedeutet ‚rechnen, berechnen'. Dazu kommt noch die Endung -‚er', die den Handelnden anzeigt, z.B. *to write – writer,* schreiben – Schreiber, und das Kunstwort für die technische Neuerung, die unser Jahrhundert revolutioniert, war fertig.

Curry

ist seit der zweiten Hälfte des 19. Jh. ein Lehnwort im Deutschen (Currywurst!), aus einem Lehnwort der Engländer in Indien vom 16./17. Jh. Sie machten aus dem Tamilwort *kari* ‚curry' und meinten damit einerseits ein scharf gewürztes Gericht und in der Verbindung ‚curry-powder' die Gewürzmischung selbst. Das ursprüngliche Wort, *kari,* aus einer der ältesten Sprachen Indiens, hatte einfach ‚Soße' bedeutet.

dalli

‚Jetzt mach mal dalli dalli!', kommt von poln. *dalej,* ‚weiter, vorwärts, los', und hat sich bereits anfangs des 19. Jh. aus dem Berlinerischen überall in der Umgangssprache verbreitet.

Dame

meint heute die gebildete, gepflegte, junge oder ältere Frau und ist auch als höfliche Anrede – ‚Madam, meine Damen und Herren' – gebräuchlich. Im 17. Jh. jedoch galt ‚Dame' nur für die Frau bei Hofe (Hofdame) oder sonst für Adlige. ‚Dame' geht aus lat. *domina,* eigentlich ‚Hausherrin' von lat. *domus,* ‚Haus', zurück und bedeutet ‚Herrin, Gebieterin' (über die Diener und Sklaven). Daraus wurde einerseits it. *donna,* span. *doña* (nur als Anrede), andererseits it. und span. *dama,* frz. *dame,* das um 1600 ins Deutsche entlehnt wurde. Erst war es ein Modewort. Die Dichter der galanten Hofkultur besangen ihre Geliebten als ‚Damen ihrer Herzen', bis das Wort schließlich auf alle weiblichen Wesen dieser Kreise überging. Bereits im 17. Jh. bahnte sich zur gleichen Zeit eine Abwertung an. ‚Dame' ging nun auch auf die nicht standesgemäße Geliebte, die Konkubine, und in der deutlich abschätzigen Verkleinerung ‚Dämchen' auf die Prostituierte über. Trotz der zwiespältigen Wertigkeit setzte sich das Wort im 18. Jh. im Bürgertum zur Bezeichnung aller Frauen bürgerlichen Standes fest.

dämlich

hat nichts mit ‚Dame' zu tun, auch wenn man das auf Grund von ‚Gram – grämlich', ‚Grund – gründlich' vielleicht annehmen könnte. Das Wort geht auf indoeurop. **tem,* ‚geistig benommen, betäubt', zurück, ‚das lat. *temulentus,* ‚berauscht', ergab und mit dem mittelir. *tam,* ‚Krankheit, Tod', verwandt ist. Die alte Wurzel taucht in niederdt. *dämelen,* ‚nicht recht bei Sinnen, nicht ganz helle, taumelig sein', wieder auf. Sie liegt ebenfalls bayerisch *damisch,* älter dämisch, ursprünglich ,betrunken' zu Grunde. ,Dämlich' und ,damisch' sind heute beide bei der Bedeutung ,dumm, albern, beschränkt' angelangt.

danke

ist keine leere Floskel. Hinter ahd. *danchôn,* mhd. *danken* steht das Verb denken. ,Danke!' meint, verkürzt, ,ich denke' – an die Wohltat nämlich, die mir jemand erwiesen hat. ,Danke!' gibt zu verstehen, dass man das, was der andere für einen getan hat, nicht einfach vergisst, nicht als selbstverständlich betrachtet.

Deutsch

Der Stamm ,deut' geht auf indoeurop. *teuta,* ,Volk', zurück. Hethitisch, vor rund 6000 Jahren, kannte *tuzzi,* ,Heer', persisch *toda,* ,Masse, Erdhaufen', im Sinne von ,Volksmasse'. Die Wurzel dieser Wörter, indoeurp. **teu,* ,schwellen, anschwellen', begegnet uns in ,tausend' wieder. Die keltischen Götter sind die Tuatha (gespr. tua) Dé Danann, das Volk der Göttin Ana. Germ. **þeuðo,* ahd. *thiota,* mhd. diet bedeuten ,Volk'. Die Endung ,-isk' steht für ,dazugehörig'. ,Deutsch' heißt also nichts anderes als ,zum Volke gehörig'. ,Teutonisch', zum germanischen Stamm der Teutonen, das im 11. Jh. fast ,deutsch' ersetzt hätte, ist im Grunde dasselbe Wort, nur dass es zuerst ins Keltische, dann ins Lateinische übernommen wurde, bevor es wieder im Deutschen landete. Zur Zeit Karls des Großen, 786 n. Chr., tritt ein solches Adjektiv zum ersten Mal auf, allerdings latinisiert zu *theodisc.* Es geht um *theodisca lingua,* die deutsche bzw. damals altfränkische Sprache. Fränk. *þeodisk* verstand sich einerseits politisch, als nicht *walhisk,* ,romanisch', andererseits kulturell; Volkssprache im Gegensatz zum Latein der Gebildeten. Noch heute kennen wir Wendungen wie ,auf gut Deutsch gesagt, mit jemandem Deutsch reden', für ,klar, verständlich sprechen, unverblümt die Meinung sagen'. Das konnte allerdings auch in Richtung ‚primitiv, ungebildet' gehen – im Gotischen hatte ‚deutsch' sogar ‚heidnisch' bedeutet. Im 10./11. Jh. stand *diutisch/tiutsch* für alles Germanische auf dem Festland, flämisch *dietsc* und holländisch *duutse* miteingeschlossen. Daraus wurde engl. *Dutch,* ‚holländisch, niederländisch'. *‚Daz diutsche lant'* ergab zusammengezogen die Bezeichnung ‚Deutschland'.

Dezember

aus lat. *mensis december* hängt mit *decem,* ‚zehn', zusammen. Die Bezeichnung meint also den zehnten Monat statt den zwölften, was er in unserem Jahr ja ist. Wie ‚September, Oktober und November' gehört ‚Dezember' noch zum altrömischen Kalender, der mit dem März begann. Für diese mhd. Anleihe ans Lateinische wurden ahd. Namen wie ‚Christmonat, Heiligmonat, Wintermonat oder Wolfmonat' fallen gelassen.

Dienstag

Die Römer nannten diesen Wochentag nach ihrem Kriegsgott Mars, *Martis dies,* ‚Tag des Mars', was frz. *mardi,* trotz Verlust einiger Buchstaben, beibehalten hat. Die Germanen setzten ihren eigenen Himmels- und Kriegsgott, ahd. *Ziu* ein, wodurch das engl. *Tuesday,* aber auch das allemanische ‚Zischtig' entstand. Letzteres hört man noch immer in der Schweiz und in Süddeutschland, auch wenn sich in der Schriftsprache seit Mitte des 17. Jh. Dienstag durchgesetzt hat. Dies entstand aus einem niederdeutschen *dinstach,* was sich im Grunde auf denselben Gott bezieht. Eine römisch-friesische Weihe-Inschrift aus dem 3. Jh. spricht ihn als Mars Thingsus an, als den Schutzherrn des Thing, der germanischen Gerichts- und Volksversammlung.

digital

Bis vor wenigen Jahren galt *digital,* ‚in Zahlen dargestellt', als Fachausdruck der elektronischen Datenverarbeitung. Seither sind digitale Uhren, Taschenrechner und neuerdings Kameras, Fernseher, Videos, Hi-Fi Anlagen in die Massenproduktion gegangen, wodurch das Wort in jedermanns Mund ist. Mit der neuen Technik kam es zu uns aus Amerika und wird hier deutsch oder besser gesagt lateinisch ausgesprochen, denn hinter *digital* steht das lat. *digitus,* ‚der Finger'. Dieses Wort für die supermodernsten, computerisierten Operationen verweist auf die älteste Rechenhilfe der Welt – unsere 10 Finger, an denen sich alles abzählen lässt.

Diktat

kommt von lat. *dicere,* ‚sagen, sprechen', ursprünglich ‚mit Worten hinweisen'. Lat. *dictare* ist ein Intensivum, d.h. eine Verstärkung von *dicere,* ‚Vorsprechen zum Nachschreiben, Vorschreiben, Aufzwingen', und wurde in diesem Sinne im 15. Jh. ins Deutsche entlehnt. Zum Trost: Auch ‚Gedichte' und ‚Dichten' sind Entlehnungen von *dicere.*

Disko

ist verkürzt aus ‚Diskothek'. Griech. *diskos* ist bekannt als ‚Diskus' in der Leichtathletik – ‚flache Scheibe' – hier natürlich ‚Schallplatte'. Griech. *theke,* heute ‚Schanktisch', meinte ‚Behälter, Kiste, Aufbewahrungsort'. Diskothek ist also ursprünglich die ‚Plattensammlung'. Das Wort wurde 1935 in Anlehnung an frz. *discothèque* gebildet und gleich vom amer. Englisch übernommen. Es wurde nun auf ‚Veranstaltung für Jugendliche zu Tanzmusik von Platten' und auf den Ort, wo diese Art der Unterhaltung stattfindet, übertragen. Aus dem Englischen wurde es ins Deutsche entlehnt, genauso wie der *Diskjockey,*

DJ, anfangs der Plattenansager im Radio, dann Moderator in der Disko. Eigentlich bedeutet *jockey* ‚Handlanger, Fahrer, Reiter', heute hauptsächlich ‚berufsmäßiger Rennreiter'.

Donnerstag

Ahd. *Donares tag* ist der Tag des germanischen Donnergottes, Donar oder Thor. Darauf gehen niederl. *donderdog* und engl. *Thursday* zurück. Es handelt sich dabei um eine Lehnübersetzung zu lat. *Jovis dies,* Tag des Göttervaters, (griech.) Zeus oder (lat.) Jupiter. Daraus sind frz. *jeudi* und it. *giovedi* entstanden. Ein zweites Wort im dt. Sprachraum für Donnerstag ist der auf Bayern und Österreich beschränkte ‚Pfinztag'. Dahinter steht griech. *pempte hemera,* der fünfte Tag (der Woche). Wie bei ‚Mittwoch' sollte auch hier ein neutrales Wort den alten Gott verdrängen.

Droge

wurde im frühen 17. Jh. aus frz. *drogue,* im Sinne von ‚Rohstoff für Heilmittel' entlehnt. Erst in unserem Jh. verengte es sich, beeinflusst von *drug,* dem engl. Lehnwort aus frz. *drogue,* zu ‚Rauschgift'. Entlehnungen von *drogue* aus dem Arabischen, Lateinischen oder von niederl. *droog,* ‚trocken', sind nach der neuesten Forschung als unzureichend verworfen worden.

dumm

lässt sich bis indoeurop. **dhumbhos,* ‚dunkel, mit verdunkeltem Sinn, stumm', zurückverfolgen. Germ. wird **dumba,* ‚stumm', daraus, ahd. und mhd. *tumb,* ‚stumm, taub, töricht, unerfahren'. Ein ‚Dummerchen' ist noch immer ein Kind, das nicht viel Ahnung hat. Britisch engl. *dumb* heißt ‚stumm', während die Amerikaner darunter ‚dumm, naiv' verstehen. ‚Dumm' bedeutet heute hauptsächlich ‚mangelnde Intelligenz'. ‚Unüberlegt', – ‚das war aber dumm von dir' und ‚ärgerlich' –

‚eine dumme Geschichte‘ – sind abgeschwächte Erweiterungen. Mit umgangssprachlichen Verstärkungen wie ‚saudumm‘, ‚strohdumm‘ (– so leer im Kopf wie gedroschenes Getreide!) lassen sich Frustrationen über die Dummheit anderer abreagieren.

Ei

gr. *oion,* lat. *ovum,* germ. **aijam* aus dem ahd. und mhd. *ei* entstanden, russ. *jajcó,* frz. *oeuf,* engl. *egg* gehen alle auf indoeurop. **ouiom* zurück, das mit indoeurop. **auei,* ,Vogel', zusammenhängt. Es ist also das, ,was zum Vogel gehört'. ,Ei' wurde vom Vogel nicht nur auf andere Tiere übertragen - z.B. ,Schildkrötenei, Ameisenei' - sondern auch auf die Keimzellen von Mensch und Tier.

Eimer

ist, wie ,Ampel', ein Nachfahre von lat. *amphora.* Das zweihenklige Tongefäß ging als ahd. und altengl. *amber* ins Germanische über. Allerdings wurden nun auch die einheimischen, einhenkligen Holzeimer so genannt. Schließlich war der ursprüngliche Sinn vergessen. Jetzt wurde *amber* an *ein,* dem Zahlwort, und *beran,* ,tragen', festgemacht, ahd. *eimber,* mhd. *einber, eimer.* Mit ,etwas ist im Eimer' ist natürlich ,im Abfalleimer' gemeint.

Elend

War jemand im frühen Mittelalter elend, so ging es ihm schlecht, er litt und lebte in Kummer, Not und Armut, ganz wie heute. Nur damals lieferte das Wort den Grund für diesen traurigen Zustand gleich mit: Westgerm. **alja* lantia bedeutet ,aus einem anderen Land, aus dem Heimatland weg sein'. Das seither aus dem Deutschen verschwundene *alja* stammt wie lat. *alius* von indogerm. **alja,* ,anderer'. ,Das Elsass', mittellat. *Alisatia,* ist eigentlich ,das Ausland'. Ahd. *elilenti,* mhd. *ellende,* ist auch Substantiv, also der Vertriebene, Verbannte, derjenige, der schutz- und rechtlos in der Fremde leben muss (vgl. barbarisch). Kein Wunder, dass ,Armut' und ,Elend' ein Paar bilden.

Elfenbein

hat nichts mit ‚Elfen' oder ‚Bein' zu tun. Ahd. *helfantbein* sind ‚Elefantenknochen' (vgl. Bein). ‚Bein' war an sich überflüssig, denn *helfant* meinte das graue Tier und seine kostbaren Stoßzähne – die Germanen kannten das Material für künstlerische Gegenstände und Schmuckstücke, lange bevor sie einen Dickhäuter zu Gesicht bekamen. ‚Im Elfenbeinturm sitzen' ist ein Bild für den geistig tätigen Menschen, der mit den Problemen der Gegenwart nichts zu tun haben will.

Energie

wurde in Deutschland Ende des 18. Jh. als Schlagwort der französischen Revolution aufgegriffen. Das Lehnwort aus frz. *énergie* ist seinerseits aus lat. *energia* entlehnt, das wiederum auf griech. *energeia* zurückgeht. Der große griech. Philosoph, Aristoteles, prägte den Begriff im 4. Jh. v. Chr. Er verband *en,* ‚in', mit *ergos,* ‚Werk, Wirken' *(ergos,* älter *wergos* ist tatsächlich unser Werk), um ‚die Kraft, die am Werk ist' auszudrücken, die Kraft, die am Ei arbeitet, sodass ein Hühnchen schlüpfen kann; die Kraft, die auf die Blüte einwirkt, bis der Apfel vom Baum fällt. In der Physik hatte dafür bis Ende des 18. Jh. die Bezeichnung ‚lebendige Kraft' bestanden. Physikalisch ist Energie heute die Arbeit, die ein Stoff, ein Körper, ein System verrichten kann – elektrische Energie, Atomenergie. Im Alltag ist die körperliche und geistige Spannkraft – die Lebenskraft ganz allgemein – gemeint: ‚keine Energie haben, vor Energie fast platzen'. Parallel dazu steht ‚Energie, energisch' auch für Nachdruck, Durchsetzungskraft: ‚sich mit Energie in eine Sache stürzen, energisch auftreten'.

enttäuscht

Nach der ursprünglichen Bedeutung müsste man froh sein, enttäuscht zu werden. ‚Enttäuschen' ist eine Lehnübersetzung von frz. *détromper,* ‚eine Täuschung von jemandem wegnehmen, jemanden aus einer Täuschung herausholen'. Heute ist der Sinn negativ: Man ist enttäuscht, wenn einem die meist falschen Erwartungen genommen werden.

erfahren

ahd. *irfaran,* mhd. *ervarn,* ‚durchwandern, -reisen, -fahren', wurde bereits im Spätmittelalter in unserem Sinne ‚kennen lernen, erleben, durchmachen' gebraucht. Der Zusammenhang leuchtet ein: Wer ein Land durchwandert oder bereist, lernt es gut kennen, erlebt viel, aber nicht nur Positives. Das lässt sich auch auf das Leben übertragen, das ja gern mit einer Reise verglichen wird. Da macht man eben seine Erfahrungen.

erzählen

‚er-zählen' bedeutet eigentlich ‚bis zu Ende zählen'.
Vgl. zählen.

Erzählung

vgl. Zahl.

Etymologie

setzt sich aus griech. *etymos,* ‚wahr, wahrhaftig, wirklich, ursprünglich', und griech./lat. *-logie,* ‚Kenntnis, Lehre', zu ‚Lehre vom Wahren' zusammen. Gemeint ist der wahre, ursprüngliche Sinn der Wörter. Die Herkunft eines Wortes wird erforscht, indem man es zu seinem *Etymon,* dem Grundwort, und dessen ursprünglicher Bedeutung zurückverfolgt.

Euro

Nach der griechischen Sage ist Europa die schöne, phönizische Königstochter, die der Göttervater Zeus in Gestalt eines Stieres entführte und auf jenen Erdteil brachte, der fortan ihren Namen tragen sollte – Europa. Die Verkürzung ‚Euro' findet sich in vielen Neuschöpfungen der letzten Jahre wie z.B. ‚Eurocheque' (der bei fast allen europäischen Banken einlösbare Scheck), ‚Euronorm' (Norm für Maße, Produkte, Verfahren, die in der EG gelten) oder ‚Eurovision' (Zusammenschluss von europäischen Rundfunk- und Fernsehorganisationen zwecks gemeinsamer Fernsehübertragungen). ‚Euro' steht für ‚europäisch' besonders im Hinblick auf den europäischen Zusammenschluss. So heißt denn auch die neue Währungseinheit für das vereinigte Europa ‚Euro'.

fabelhaft

ersetzte im 18. Jh. *fabulosisch,* das engl. *fabulous* entspricht. Die drei Adjektive gehen auf frz. *fable,* erst allgemein ‚Erzählung, Geschichte', dann eingeschränkt auf einen besonderen Erzähltyp, zurück. Gemeint ist die Tiergeschichte, die im Grunde menschliches Benehmen vorführt, von der Art wie sie La Fontaine am Hof des Sonnenkönigs, Louis XIV., zur Meisterschaft brachte. Es sei nur an die Fabel vom Raben und vom Fuchs erinnert, in der das Füchslein so lange schmeichelnd verlangt die schöne Stimme des Raben zu hören, bis dieser den Schnabel zum Krächzen aufreißt und das Stück Käse, das er eben verspeisen wollte, fallen lässt ... *Fable* kommt von lat. *fabula,* aus *fari, fabulari,* ‚sprechen, schwatzen, plaudern, phantasieren', und bedeutet einerseits ‚Geschwätz, Gerücht, Flunkerei', andererseits ‚Unterhaltung, Sage, Märchen'. Fabelhaft ist also ursprünglich das Erdichtete, das nicht in Wirklichkeit vorkommt und daher alle Erwartungen übersteigt. Davon hat sich der moderne Sinn ‚unglaublich, phantastisch, großartig' nicht zu weit entfernt.

Fach

Ob im Sinne von Mathe, Englisch, Deutsch, Facharbeiter, Fachmann, Fachkenntnis, immer ist ein abgesondertes Gebiet gemeint. Dahinter steht die Abteilung im Schrank oder Schreibtisch (Geheimfach), wo ein größerer Raum mittels Brettchen senkrecht oder waagerecht unterteilt wird. Ahd. *fah* war die ‚Mauer', mhd. *vach* ursprünglich das aus Ruten geflochtene Fischwehr im Bach. Von da ging ‚Fach' auf die Zwischenräume, zwischen den Balken im Fachwerkbau über, die mit Flecht- oder Mauerwerk verfüllt werden mussten. Schließlich weitete es sich zu allem was Raum abteilte, einschließlich der Falte im Schleier oder Hemd. Westgerm. **faka,* ‚Fach, Teil, Abteil', geht auf indoeurop. **pag,* ‚festmachen, binden, flechten‘, zurück. Lat. *pangere,* ‚festmachen‘, und *pagus,* ‚Distrikt, abgegrenztes Gebiet‘, griech. *pegma,* ‚Gerüst‘, aber auch russ. *paz,* ‚Fuge, Nute‘, haben die alte Form bewahrt.

fachsimpeln

heute ‚unter Kollegen über Fachfragen diskutieren‘ ist ursprünglich auf die Simpel (Dummköpfe), d.h. die jungen Studenten gemünzt, die mit ihrem neu erworbenen Wissen angeben.

Faden

ahd. *fadum,* mhd. *vadem* geht auf die indoeurop. Wurzel **pet,* ‚die Arme ausbreiten, umarmen‘, zurück. Engl. *fathom* und der ‚Faden‘ der dt. Seemannssprache bezeichnen ein Längenmaß, 6 Fuß, zum Ausloten der Wassertiefe. Das Maß kam durch das Ausmessen der Strecke von Fingerspitze zu Fingerspitze, bei ausgestreckten Armen, zustande. Das dazu benützte, dünne Garn wurde darauf prompt selbst zum Faden. Der ‚rote Faden‘, der sich durch alle Aufsätze ziehen sollte, ist übertragen vom roten Faden, der sich durch die Taue der englischen Marine zieht, um sie als Besitz der englischen Krone zu kennzeichnen. Goethe hat als Erster diesen Sachverhalt bildlich in *Die Wahlverwandtschaften* als Leitlinie, Leitmotiv verwendet.

fähig

gehört zu mhd. *vähen,* ‚fangen‘. Wer ‚fähig‘ war, konnte also etwas fangen, etwas zu fassen kriegen, er war im Stande etwas aufzunehmen. (In diesem Sinne wurde ‚fähig‘ auch von Gefäßen gebraucht.) In der Rechtssprache wurde daraus ‚berechtigt‘ – z.B. ‚erbfähig‘, was noch immer gilt. Heute ist ‚fähig sein‘ zu einem platten ‚in der Lage sein‘ geworden. Dafür heißt es als vorangestelltes Adjektiv, z.B. ‚ein fähiger Mensch‘, ‚begabt, tüchtig, geschickt‘.

fahren

Das gemeingerm. Verb, mhd. *varn,* ahd. *faran,* engl. *to fare* (heute im Sinne von ergehen, leben), schwed. *fara* stammt aus der indoeurop. Wurzel **per,* ‚hinüberführen, -bringen, -tragen', also alles, was unsere Fähre noch heute tut, sowie ‚übersetzen, durchdringen'. Griech. *peran,* ‚durchdringen', lat. *portare,* ‚tragen', gehören auch dazu. Bis in die Neuzeit war ‚fahren' die allgemeinste Art der Fortbewegung, ‚gehen, wandern' – der Rattenfänger von Hameln war ein ‚fahrender' Spielmann – ‚reiten', ‚im Wagen fahren', ja, sogar ‚schwimmen'. Die Fahrenden sind Menschen mit einer nicht sesshaften Lebensweise wie die Zigeuner oder die irischen *travellers.* Wallfahrten werden auch heute noch hauptsächlich zu Fuß gemacht. Doch grundsätzlich ist in unserem Gebrauch ‚fahren' auf die Fortbewegung mit Fahrzeugen, z.B. Auto, Schiff, Bahn, Flugzeug, Fahrrad oder Rollerblades beschränkt.

Familie

wurde im 16. Jh. aus lat. *familia* entlehnt. Abgesehen von ‚Haus', oder ‚Weib und Kind', gab es keinen Sammelnamen im Deutschen, um die Gemeinschaft von Eltern und Kindern auszudrücken. *Familia* ist eigentlich der Plural zu lat. *famulus,* ‚Diener', also ‚Dienerschaft, Gesinde'. Später wurden darunter alle zusammengefasst, die unter einem Dach wohnten (Sklaven, Diener, Herrschaft) und dem Familienvater, *pater familias,* unterstellt waren.

Fan

in unserem Jh. aus dem Englischen entlehnt, ist die Verkürzung von engl. *fanatic,* ‚Fanatiker, fanatisch', das wie frz. *fanatique* auf lat. *fanaticus,* ‚von der Gottheit ergriffen, in rasende Begeisterung versetzt', zurückgeht. *Fanaticus* ist das Adjektiv zu lat. *fanum,* ‚Heiligtum', und bedeutet ursprünglich ‚zum

Heiligtum, zum Kult gehörig'. Wenn heute Fans, ob Pop- oder Fußballfans, vor ihren Idolen schreien, johlen und in Ohnmacht fallen, spielen sie, ohne es zu wissen, Szenen nach, wie sie sich vor antiken Heiligtümern zu besonderen Festtagen abgespielt haben dürften. Dt. ‚fanatisch' blieb bis ins 19. Jh. ‚religiös verzückt, schwärmerisch', schlug aber auch schon die Richtung ‚religiös ereifernd, unduldsam, rücksichtslos' ein.

faul

z.B. von Obst, meint heute verdorbene, ungenießbare Früchte. Das gemeingerm. Wort war ursprünglich um einiges unappetitlicher. Ahd. *ful,* mhd. *vul* bedeuten ‚verwesend, stinkend, modrig' und stammen, zusammen mit engl. *foul* und schwed. *ful* von der indoeurop. Wurzel **pu,* ‚faulen, stinken'. Ihr Anfang machte wohl ein ähnlicher Ausruf des Abscheus wie unser ‚pfui!'. Griech. *pyon* und lat. *pus,* ‚Eiter', sind daraus entstanden. Unser umgangssprachliches ‚stinkend faul' für jemanden, der keinen Finger rührt, kommt dem früheren Sinn schon näher. Faul für ‚träge' kam über die Idee zustande, dass alles, was zu lange liegen bleibt, verfault. Früh kam die Komponente ‚moralisch unsauber' dazu. Hamlets *‚something is rotten in the State of Denmark'* ist im Deutschen als ‚etwas ist faul im Staate Dänemark' zur Redewendung geworden. ‚Faulpelz' meint eigentlich die Schimmelschicht, die auf Verfaultem sprießt und war ehemals ein recht derbes Scheltwort.

faulenzen

mhd. *vulezen* vom *vul,* ‚faul', bedeutete ursprünglich ‚faulig riechen oder schmecken'. Heute wird es im Sinne von ‚nichts tun, herumlungern' gebraucht.

Fax

Die telegraphische Kopie per Knopfdruck ist aus unserem High-tech-Alltag nicht mehr wegzudenken. Man kann sich heute nicht nur die Matheresultate zu-, man kann auch rund um die Welt faxen. Ein Wort, so supermodern wie die Technik? Trugschluss! ‚Fax' ist die Verkürzung von ‚Telefaksimile'. Die Vorsilbe, griech. *tele,* ‚fern, weit', ist gut über 2000 Jahre alt und ‚Faksimile', ‚die perfekte Abschrift eines handschriftlichen Originals', hat in dieser Form auch schon seine 300 Jahre auf dem Buckel. Es wurde im 17. Jh. in englischen Kanzleien geprägt und im 19. Jh. ins Deutsche übernommen. Dahinter steht die lateinische Aufforderung an den Kanzleischreiber: *‚Fac simile!'* ‚Mach' ähnlich, ein Ähnliches', also ‚kopier' das mal!'.

Februar

Der Februar ist unser zweiter Monat, stand aber im altrömischen Kalender an letzter Stelle. Zum Jahresausklang gehörten für die Römer mehrtägige Feierlichkeiten für die Toten und die Lebenden mit großen Reinigungs- und Sühneopfern. Lat. *februare* bedeutet ‚reinigen'; lat. *mensis Februarius* ist also ‚der Reinigungsmonat'. Das deutsche Wort ‚Hornung' wurde im 16. Jh. von Februar aus der Schriftsprache gedrängt, überlebt aber im Dialekt.

fertig

Mhd. *vertec,* ahd. *fartig* gehören zu ‚fahren, Fahrt' und bedeuten ursprünglich zur Fahrt, zum Aufbruch, zum Gehen bereit, reisefertig. Mit der Zeit konnten sich weitere Substantive damit verbinden, z.B. bußfertig, eilfertig, friedfertig – zur Buße, zur Eile, zum Frieden bereit. Als Nächstes kam die Bedeutung ‚zu Ende gearbeitet, gebrauchsbereit' hinzu – ‚das Kleid ist fertig!' Unmerklich schlich sich die negative Note ein: ‚zu Ende sein, am Ende sein, körperlich und seelisch erschöpft, fix und fertig'. Ursprünglich war ‚fix und fertig' ein löblicher Zustand: ‚So fix gearbeitet, dass man rechtzeitig fertig ist' war damit gemeint. Heute dient ‚fix' nur der Verstärkung von ‚fertig'.

Finale

kam zweimal als Lehnwort ins Deutsche. Das erste Mal im 17. Jh. aus it. *finale,* was älter ‚Final', ‚Schlussbuchstabe', jünger ‚Finale' für ‚Schlusssatz', Ende eines Musikstücks ergab. Das zweite Mal im 20. Jh. aus engl. *final,* als Final in der Bedeutung ‚Endspiel, Endkampf im Sport'. (Besonders in Sportreportagen kommt auch ‚das Final' in englischer Aussprache vor.) It. und engl. gehen auf lat. *finalis,* ‚am Ende befindlich, die Grenze betreffend', zurück: *Finalis* ist das Adjektiv zu lat. *finis,* ‚Ende' – das Finale ist also eigentlich das, was am Ende vorkommt.

fotografieren

ist das Verb zu ‚Foto(grafie)' oder ‚Photographie'. Es handelt sich um Kunstwörter, die der englische Astronom und Chemiker J. F. W. Herrschel im 19. Jh. für das neue Verfahren ersann, mittels einer Kamera ein durch Lichtwellen erzeugtes Bild auf einer lichtempfindlichen Schicht, z.B. Film, festzuhalten. Er verband griech. *phos,* ‚Licht', mit *graphein,* ‚schreiben, aufzeichnen': ‚Photographie' ist also eigentlich die - ‚Lichtschreibkunst'. Seit Mitte des 19. Jh. gibt es dazu die dt. Lehnübersetzung ‚Lichtbild' und ‚ablichten', was heute aber vorwiegend in der Amtssprache für ‚Passbild' und ‚fotokopieren' gebraucht wird.

Freitag

Die Bezeichnung unseres sechsten Wochentages ist im Grunde eine doppelte Lehnübersetzung. Griech. *Aphrodites hemera,* den ‚Tag der Aphrodite', der griechischen Göttin der

Schönheit und Liebe, übersetzten die Römer mit *Veneris dies,* ‚Tag der Göttin Venus'. Sie setzten ihre eigene Liebesgöttin ein. Dasselbe wiederholte sich noch einmal bei den Germanen. Ahd. *friatag,* ‚Tag der Fria oder Freja', ehrt die Gattin Odins oder Wotans, die über denselben Bereich herrschte wie die Venus. Engl. *Friday* enthält den Namen noch in ursprünglicher Form.

fressen

ahd. *frezzan,* mhd. *verezzan* durften im Mittelalter auch Könige und Königinnen, denn es bedeutete, harmlos, ‚auf – weg – zu Ende, ganz essen'. Erst nach und nach setzte sich der Unterschied zwischen ‚essen' und ‚fressen', der gesitteten Nahrungsaufnahme der Menschen und dem Schlingen der Tiere (oder unmanierlicher Zeitgenossen) durch. ‚Fresse' kam als derber Ausdruck für ‚Gesicht' im 17. Jh. auf. Der ‚Fresssack', heute ein Mensch, der isst, bis er fast platzt, war ursprünglich der Vorläufer unseres Rucksacks, der Sack aus dem sich der Reisende verköstigte.

Friedhof

hat ursprünglich nichts mit ‚Frieden' zu tun, auch wenn den Toten ‚ruhe in Frieden' gewünscht wird. Ahd. *frithof,* mhd. *vrithof* war das ‚eingefriedete, eingehegte Grundstück' vor jedem Haus, auf dem das Vieh nicht herumtrampeln durfte. Auch die Kirche besaß einen solchen ‚Freithof', wie der Kirchhof mancherorts tatsächlich noch heißt. Im Allgemeinen wurde aber für den Begräbnisplatz unter dem Einfluss von ‚Frieden' ‚Friedhof' daraus.

Frühstück

mhd. *vruostücke, vrüestücke* ist aus ‚früh' und ‚Stück' zusammengesetzt und bezeichnet das Stück Brot, das im Mittelalter nach dem Aufstehen gegessen wurde.

Gag

‚witziger Einfall', besonders auf der Bühne oder in den Medien, geht aus sehr unwitzigen Umständen hervor. Engl. *to gag* bedeutet nämlich ‚knebeln', also jemandem den Mund stopfen und ahmt den Röchellaut eines Halberstickten nach. Im Sinne von ‚Lücke stopfen', ‚einschieben', wurde es auf die witzigen Improvisationen übertragen, mit denen Schauspieler ihre vorgegebenen Texte auflockern. Von da war es nicht mehr weit zum festgelegten Scherz oder zur, durch technische Tricks herbeigeführten, komischen Situation.

Gans

Von ‚dummer' oder ‚alberner' Gans – in unserem Sprachgebrauch auf ein junges, unerfahrenes Mädchen übertragen – war in der Antike jedenfalls nicht die Rede. Gänse waren heilige Vögel u.a. der Juno und die Geschichte, wie die Gänse vom Kapitol mit ihrem Geschnatter Rom vor Feinden warnten, ist allbekannt – vielleicht war es aber auch mit ihrem Gähnen. ‚Gans' bedeutet nämlich ‚Gähnerin' nach dem heiseren Fauchlaut, den eine wütende Gans bei vorgestrecktem Hals und weit geöffnetem Schnabel ausstößt. Mhd., ahd. *gans,* engl. *goose,* schwed. *gås* gehen auf indoeurop. **ghans,* aus der Wurzel **geh,* ‚gähnen, klaffen, offenstehen', zurück – im Grunde nichts anderes als ein langer, genüsslicher Gähnlaut.

Garage

ist ein Lehnwort aus frz. *garage,* vom Verb *garer,* ‚in Sicherheit bringen, geschützt unterbringen, sicher verwahren'. *Garer* ist ebenfalls entlehnt, diesmal jedoch in umgekehrter Richtung, aus dem Germanischen ins Französische, aus **waron,* ahd. *biwaran,* nhd. *bewahren.*

Garderobe

Wenn wir ins Theater gehen, geben wir unseren Mantel an der Garderobe ab und die Garderobiere passt während der Vorstellung darauf auf. Das entspricht nun genau der Bedeutung des Wortes aus frz. *garder,* ‚bewachen, bewahren, hüten', und *robe,* ‚Kleid'. Die Garderobe ist demnach die Kleideraufbewahrung, die bewachte Kleiderablage. Die zusätzlichen Bedeutungen sind ‚alles, was man zum Anziehen hat' und ‚Ankleideraum von Künstlern'.

Gardine

Die Niederländer benützen kaum Gardinen, aber das Wort kam im 16. Jh. über niederl. *gordijn* ins Deutsche. Damals bedeutete es ja auch nicht ‚Fenstervorhang', wie heute, sondern ‚Bettvorhang'. *Gordijn* war ein Lehnwort aus altfrz. *cortine* von lat. *cortina,* ‚Vorhang', das von lat. *cohor/cors,* ‚Einzäunung, Hof', abgeleitet ist. Die Römer hatten damit griech. *aulaia,* ‚Vorhang zum Hof', oder ‚vor dem Zelt' übersetzt. Mit ‚schwedischen Gardinen' sind die Gitterstäbe vor den Gefängnisfenstern gemeint; ‚hinter schwedischen Gardinen sitzen' ist eine mehr oder minder scherzhafte Wendung für ‚im Gefängnis sitzen'. Ob ‚schwedisch' sich dabei auf besonders starken Stahl oder auf die Schrecken des Dreißigjährigen Krieges bezieht, bleibt ungeklärt.

Gardinenpredigt

ist eine Lehnübersetzung aus niederl. *gordijnpreek.* Im 15. Jh. war damit die nächtliche Strafpredigt gemeint, mit dem das brave Eheweib vom Bett aus – hinter den Gardinen bzw. Bettvorhängen – ihren Angetrauten empfing, wenn er schon wieder betrunken nach Hause kam. Seit dem 18. Jh. hat sich das zu ‚Vorwürfen unter vier Augen' gemildert, heute sogar zu Nörgeleien, die nicht sonderlich ernst zu nehmen sind.

Gas

ist ein Kunstwort, eine Neuschöpfung des Brüsseler Arztes und Chemikers J. B. van Helmont aus der ersten Hälfte des 17. Jh. Für den Namen des Luftgemisches ließ er sich von griech. *chaos* leiten, das ja auch ‚Luftraum, Luft' heißen konnte. Im Niederländischen ist die Ähnlichkeit der beiden Wörter viel deutlicher, da ‚g' wie ‚ch', ‚Gas' wie ‚Chaos' ausgesprochen wird. Erst blieb ‚Gas' ein Fachwort der Chemiker. Die Erfindung der Gasbeleuchtung und des Gasballons im 18. Jh. machten daraus ein Alltagswort.

Gauner

kommt aus der Gaunersprache, dem Rotwelschen. Die ältere Form Jauner ging aus jidd. *Joner,* ‚Ionier', also ‚Grieche' hervor, eine Ableitung von hebr. *jawan,* ‚Griechenland', und bedeutete ‚Falschspieler'. Das Wort kam auf, als nach den Türkenkriegen Mitte des 15. Jh. viele Griechen heimat- und besitzlos geworden waren. Ein gewisser Teil davon dürfte sich gewiss mit Betrug beim Glücksspiel über Wasser gehalten haben – der schlechte Ruf jedoch ging auf alle Griechen über. Heute wird Gauner verallgemeinernd für ‚Schwindler, Dieb, Spitzbube' oder verharmlosend für ‚durchtriebener Mensch' gebraucht.

gefallen

‚Etwas gefällt mir' bedeutet heute ‚es ist mir angenehm, sagt mir zu, wirkt anziehend auf mich'. ‚Gefallen' kam über das Glücksspiel, Würfel, – oder Los, zu dieser Bedeutung. Ahd. *gifallen,* mhd. *gevallen* hieß nämlich ‚zufallen, zuteil werden, bekommen'. Wenn die Würfel so fallen, dass mir etwas zufällt, gefällt es mir eben. Mhd. verstand unter *‚mir gevellet es wohl'* ‚ich habe ein gutes Los gezogen, ich hab Glück gehabt'.

geheim

Das smhd. Wort bedeutete einfach ‚zum Haus, zum Heim gehörig; im gleichen Haus sein'. Auch ein zutrauliches, zahmes Haustier war ‚geheim'. Menschen, die zusammenwohnen, kennen sich gut und vertrauen einander – ‚heimlich' wurde daher zu ‚vertraulich', ‚streng vertraulich'. Von da war es bis zu unserer Bedeutung ‚etwas absichtlich vor Außenstehenden verbergen' kein weiter Schritt mehr.

geil

geht auf die indoeurop. Wurzel **ghoilos,* ‚schäumend, gären von Bier, heftig, übermütig, ausgelassen', zurück, zum Ursprung einer wahrhaft überschäumenden Flut von Bedeutungen bis ins 19. Jh. Got. *galian* hieß ‚erfreuen'. Ahd. *geil,* ‚übermütig, überheblich, aufragend', bekam Verstärkung durch mhd. *‚geil',* ‚voller überschüssiger Kraft, lustig, begierig', sowie dem Verb *geilen,* ‚froh machen, froh werden'. Altsächsisch bewahrte ‚übermütig', altisländisch *geiliger* bedeutete ‚schön, stattlich', während niederl. ‚wollüstig' beisteuert. Seit dem 15. Jh. geriet ‚geil' mehr und mehr in den Gegensatz zu ‚keusch', ‚sittlich rein, beherrscht, enthaltsam'. So landete das Wort schließlich in dem heute in der Hochsprache geltenden Sinn ‚geschlechtlich erregt, vom Sexualtrieb beherrscht' (vgl. Bock), ‚wuchernd, schießend von Pflanzen' (geile Triebe müssen weggeschnitten werden) oder zur Bezeichnung von überdüngtem Boden. Die Jugendsprache hat geil aus dieser Ecke herausgeholt und es wieder zu einem positiven, Anerkennung ausdrückenden Allerweltswort für ‚begeisternd, schön, großartig, toll' gemacht. Fast wie im Mittelalter.

gelb

Im Kindervers ‚Backe, backe Kuchen' heißt es ‚Safran macht den Kuchen gel'. Das ist die mittel- und althochdeutsche Form unseres ‚gelb', wie sie in manchen Regionen noch gebräuchlich ist. ‚Gelb' aus westgerm. **gerwa* gehört wie niederl. *geel,* engl. *yellow,* schwed. *gul* zur indoeurop. Wurzel **ghel,* ‚schimmernd, glänzend', – und zwar ‚gelblich, grünlich, bläulich oder hell!'. Verwandt sind altind. *harih,* ‚gelb, goldgelb, blond, grüngelb' – unser Organ, die Galle, heißt eigentlich ‚die Grüngelbe' – griech. *chloros,* ‚gelbgrün', lat. *helvus,* ‚honiggelb', ir. *gel,* ‚hell, glänzend', russ. *zelenyi,* ‚grün'.

Geld

ist von germ. **gelda,* ‚entgelten', abgeleitet, es ist also das, was man für eine Leistung geben, entrichten kann. Ahd. *gelt,* altsächsisch *geld* bedeuten einerseits neutral ‚Zahlung', andererseits ‚Opfer', got. *gild* ‚Steuer, Zins'. Altengl. *gield* kennt die ganze Breite: ‚Opfer, Kult, Zahlung, Tribut'. Geld war demnach ursprünglich die religiöse oder rechtliche Abgabe, das was dem Priester für den Opferdienst und dem Fürsten für seinen Schutz zu entrichten war. Was für uns die Hauptsache ist, nämlich das Wirtschaftliche, kam erst im 14. Jh. dazu. Seither ist mit Geld ‚gesetzliches Zahlungsmittel' gemeint.

Geschwister

Unter ahd. *giswester* und mhd. *geswister* verstand man alle Schwestern in einer Familie, nicht, wie heute, Schwestern und Brüder. Erst nach und nach wurden auch die Jungen der Familie miteinbezogen.

Das Parallelwort ‚Gebrüder' (ursprünglich alle Brüder einer Familie) kennen wir heute noch z.B. von den Sammlern der deutschen Märchen, den Gebrüdern Grimm, oder von Firmennamen.

Gewitter

Mhd. *gewiter,* ahd. *giwitri* aus westgerm. **gawedrja* ist genauso ein Sammelwort wie z.B. ‚Getreide' oder ‚Gebirge'. Ursprünglich bezeichnete es ‚Witterung' – d.h. Wetter über einen gewissen Zeitraum, später Unwetter mit Regen, Hagel, Sturm und was es sonst so alles geben kann. Seit dem 16. Jh. hat sich die Bedeutung ‚Unwetter' mit Donner und Blitz eingespielt.

Gift

bedeutete im Mittelalter, wie engl. *gift* heute, ‚Gabe', dazu noch ‚Geben, Übergabe', jedenfalls nicht die tödliche Substanz. Diese kam erst durch die Lehnübersetzung ‚Gift' für griech. und lat. *dos* ins Spiel mit der ‚Dosis', der Arzneimittelgabe, die ja ein Giftstoff sein kann. Im 16. Jh. erhielt die ‚gute Gabe' den weiblichen Artikel, was noch in ‚die Mitgift', das der Braut mitgegebene Heiratsgut, überlebt hat. Die schädliche, ‚das Gift', erhielt den sächlichen Artikel.

grölen

Das johlende Singen einer meist nicht mehr nüchternen Menge geht ausgerechnet auf das höchste Ideal der höfischen Ritterschaft, den heiligen Gral zurück. Im ausgehenden Mittelalter wurde es beim Bürgertum Mode, ‚Ritter' zu spielen. Bei Festen wurden ‚Gralsburgen' errichtet, vor denen unter dem Jubel der Zuschauer Turniere abgehalten wurden. Anscheinend wurden dafür weder Mühe noch Kosten gescheut – niederdt. *gral* bedeutete nämlich ‚Herrlichkeit, Glanz, Pracht', bevor ‚lärmende Festlichkeit in den Städten, lautes Vergnügen, Lärm' daraus wurde. *Gralen,* ‚lärmend Feste feiern, lärmen, schreien', ergab unser ‚grölen'.

Gymnasium

Unsere Gymnastikbekleidung hätte die alten Griechen erheitert – zum mindesten wäre sie ihnen unverständlich gewesen. ‚Gymnastik' aus griech. *gymnazesthai* bedeutet nämlich ‚nackt Übungen machen'. Der Ort, wo das geschah, war das *gymnasion,* ‚ein öffentlicher Platz'. Da nach klassischer Auffassung der gut ausgebildete, gesunde Körper einen ebenso ausgebildeten Geist und Verstand benötigt, lehrten da auch Philosophen und Sophisten und unterwarfen ihre Schüler in der Diskussion geistigen Übungen. Das Gymnasium der Humanisten des 15./16. Jh. hatte mit der antiken Schule die klassischen Sprachen und philosophischen Inhalte gemein. Seit dem 19. Jh. sind Gymnasien Schulen, die klassisch oder neusprachlich zur Hochschulreife führen. In England ist *gymnasium* noch die Turnhalle – das Gymnasium heißt *grammar-school.*

hallo!

Über das Englische ist ‚hallo' zur internationalen Grußformel geworden, die aber auch in der Umgangssprache Geltung hat: ‚Hallo Leute!' Man meldet sich auch so am Telefon, zieht die Aufmerksamkeit anderer auf sich (‚hallo, mal herhören'), drückt Überraschung aus (‚hallo, da bist du ja'). ‚Hallo sagen' kann sogar ‚kurzer Besuch' meinen: ‚Ich wollte dir nur schnell Hallo sagen' und hat noch ein halbes Dutzend weitere Funktionen. Im Mittelalter hatte es eine einzige: ‚Hallo' ist die Befehlsform von ‚holen, hol'!'. ‚Hol' über' war die Aufforderung an den Fährmann, den Fahrgast über den Fluss zu setzen. Der lang gezogene Ruf hat sich im Laufe der Zeit zu ‚hallo' verschliffen.

Hals

bedeutet schlicht ‚Dreher', gemeint ist ‚des Kopfes'. Das gemeingerm. Wort, mhd., ahd., got. *hals,* altengl. *heals,* schwed. wieder *hals,* gehört zur indoeurop. Wurzel **kuel,* ‚sich drehen, herumbewegen'. Die verwandten Wörter, z.B. lat. *collus* – woher das ‚Kollier', die wertvolle Halskette kommt, griech. *pelein,* ‚in Bewegung sein', oder poln. *kolo,* ‚Rad', drücken dieselbe drehende Bewegung aus.

halten

Das gemeingerm. Verb, ahd. *heldan,* mhd. *halten,* engl. *to hold,* schwed. *hålla,* bedeutete ursprünglich ‚Vieh hüten, weiden'. Es gehört zur indoeurop. Wurzel **kel,* ‚treiben'; griech. *kellein* heißt noch genau das. Sie fällt mit einer zweiten, gleich lautenden Wurzel **kel,* ‚rufen, schreien', zusammen, was Sinn ergibt, da Vieh auch mit der Stimme gelenkt werden muss. Aus ‚hüten' erweiterte sich die Bedeutung nach und nach zu ‚schützen, bewahren, halten, festhalten'.

Halunke

‚Schuft, Spitzbube' ist aus tschech. *holomek,* ‚Bettler, Diener, Knecht', entlehnt, einer Ableitung von *holomudec,* ‚Bartloser'.

Hand

Das gemeingerm. Wort hat mit ahd. und mhd. *hant,* engl. und schwed. *hand* wenige, einfache Formen und eine noch einfachere Bedeutung: got. *handus* aus *hinþan,* ‚greifen, fangen, fassen', heißt ‚die Greiferin, die Fangende, Fassende'. Ganz anders steht es mit den Wendungen und Zusammensetzungen von ‚Hand'. Von ‚Handarbeit' über ‚Hände hoch' bis ‚Handzeichen' füllen sie vierzehn Spalten im *Duden!* Hier nur ein paar der weniger offensichtlichen Bedeutungen: ‚Aushändigen' heißt ursprünglich ‚aus der Hand geben', ‚vorhanden', ‚vor den Händen befindlich, also verfügbar', ‚allerhand', ‚zu beiden Seiten', denn ‚Hand' kann auch ‚Seite' bedeuten – ‚links' ist verkürzt ‚zur linken Hand'.

handeln

Ahd. *hantalon* bedeutet ‚mit den Händen fassen' (vgl. Hand), befühlen. Engl. *to handle,* und dt. *handhaben* zeigen, wie sich das Verb zu ‚verwalten, bearbeiten, behandeln' entwickelte. Darüber hinaus kann es heute ‚tun' abdecken, ‚schnell handeln' bedeutet ‚schnell etwas tun', oder es kann im Sinne von ‚um etwas gehen' gebraucht werden, ‚es handelt sich um Folgendes'. Die wichtigste Bedeutungsverschiebung setzte jedoch im 16. Jh. ein: In der Kaufmannssprache wurde ‚handeln' zu ‚Geschäfte machen, verkaufen, Preise verhandeln'. Aus diesem Gebrauch heraus entstanden ‚handeln' und ‚Händler', aber auch ‚Händel', ‚Rechtsstreit, Streit' – der Kunde, der nicht zahlt, der Händler, der übervorteilt, landen eben gewöhnlich vor dem Richter.

hänseln

Die Sprachforscher sind sich nicht einig, ob ‚hänseln' von ‚Hohn', *honseln,* ‚verhöhnen', ‚Hans', im Sinne von ‚Hans Narr', oder *hanzeln,* ‚(mit der Hand) tätscheln, piksen', stammt. Manche bevorzugen die Herkunft von ‚Hanse': Jeder Lehrling, der in eine solche Kaufmannsgilde eintreten wollte, musste ein Aufnahmeritual über sich ergehen lassen – er wurde gehänselt. Wie schlimm das war, lässt sich daraus ersehen, dass mancher lieber ein ‚Hänselgeld' zahlte, um sich davon zu befreien. Wie der alte Brauch verschwunden war, blieb nur das um vieles harmlosere ‚hänseln', ‚necken, foppen', übrig.

Happy End

Das Lehnwort aus engl. *happy ending,* ‚glückliches Ende', bezeichnet in erster Linie den unerwartet glücklichen Ausgang einer konfliktgeladenen Liebesgeschichte (im Film oder Roman). Daneben wird ‚Happy End' auch allgemein auf die Lösung einer problematischen Situation angewendet.

hässlich

bezeichnet heute den Gegensatz zu ‚schön', bedeutet aber auch ‚abstoßend', – eine hässliche Fratze – oder ‚gemein' – ‚Sei nicht so hässlich zu deiner kleinen Schwester'. Ahd. *hazlih,* mhd. *hazlich* wurde im Sinne von ‚Hass erregend, gehässig, hassenswert' gebraucht.

Haus

Das gemeingerm., Wort, mhd. und ahd. *hus,* engl. *house,* schwed. *hus,* niederl. *huis* geht auf die indogerm. Wurzel **skeu,* ‚bedecken, umhüllen, einhüllen', zurück. Aus derselben Wurzel stammen u.a. auch ‚Haut' und ‚Hose'. Das ‚Haus' ist also das uns ‚Bedeckende, Umhüllende', nach Haut und Kleidung eine weitere Hülle, die uns vor der Außenwelt schützt. ‚Scheune' kommt dem **skeu,* der indoeurop. Wurzel am nächsten. Zwar ist das Gebäude gemeint, in dem der Bauer die Ernte aufbewahrt, umgangssprachlich wird ‚Scheune' aber germ. im Sinne von ‚altes, baufälliges Haus' gebraucht. ‚Aus dem Häuschen geraten' ist die Lehnübersetzung einer ganzen Wendung aus dem Französischen. *‚Petites-Maisons',* die ‚Häuschen', hieß um 1800 eine Pariser Irrenanstalt. *‚Être un échappé des Petites-Maisons'* bedeutet ‚sich so benehmen wie ein aus der Irrenanstalt Entsprungener'.

Haut

Das Wort für unser größtes Organ bedeutet ursprünglich ‚Hülle'. Diese gibt uns einerseits Schutz, andererseits setzt sie uns Grenzen: Auch wenn wir noch so wütend sind, können wir nur bildlich ‚aus der Haut fahren'. Ahd. und mhd. *hut,* ‚Haut, Fell', engl. *hide,* ‚Tierhaut, Fell, gegerbte Haut', (die Menschenhaut heißt *skin*), niederl. *huid,* schwed. *hud,* aber ebenso lat. *cutis,* ‚Haut', und griech. *skytos,* ‚Leder', gehen auf die indoeurop. Wurzel **skeu,* ‚bedecken, umhüllen, einhüllen', zurück, die u.a. ‚Haus, Hose, Scheune' zu Grunde liegt.

heimlich

Ahd. *heimilich* bedeutete ‚zum Heim, zum Haus gehörig, häuslich, einheimisch', mhd. *heimelich,* ‚vertraut, zahm', aber auch schon ‚versteckt, verborgen, geheim, verstohlen'. Wer sich im Heim, Haus versteckt, ist zwar fremden Blicken entzogen – keiner sieht, was man tut, von ‚heimlichen Tränen' erfährt niemand etwas – aber damit setzt auch die Geheimniskrämerei ein, die wir heute hauptsächlich mit dem Wort verbinden, z.B. ‚sich mit jemandem heimlich treffen, jemandem heimlich etwas zustecken'. (Vgl. unheimlich.)

Hightech

Die Verkürzung von engl. *high-technology* ist ein Lehnwort aus engl. *high,* ‚hoch', und griech. *technologia,* ursprünglich ‚Kunstlehre, Abhandlung über eine Kunst oder Wissenschaft, wissenschaftlich aufgestellte Regeln über Kunst oder Wissenschaft', heute ‚Gesamtheit der technischen Kenntnisse und Verfahren'. Hightech ist also die Hoch-, die Spitzentechnik, eine Steigerung, womit vor allem die verfeinerten neuen Entwicklungen in der Elektronik gemeint sind.

Hit

‚Erfolgsprodukt', gleichgültig ob es sich um Schlager oder einen neuen Frischkäse handelt. Hit ist ein Lehnwort unseres Jh. aus engl. *to hit,* ‚stoßen, schlagen', und *hit,* ‚Stoß, Schlag', das was eingeschlagen hat, also ein Treffer ist.

Hochzeit

Mhd. *hochgezit* hatte in erster Linie die Bedeutung ‚hohes Kirchenfest, Feiertag, höchste Freude'. Wurde es im Sinne von ‚Vermählung' gebraucht, dann in hoch gestellten Kreisen, im Adel, für Fürstenhäuser und Könige. Erst seit dem 17. Jh. ist Hochzeit das allgemein gebräuchliche Wort für das Fest um eine Eheschließung. Die Wendung ‚auf allen Hochzeiten tanzen' meint in einem hübschen Bild ‚überall dabei sein, viele wichtige Dinge gleichzeitig wahrnehmen'.

Hose

ahd. *hosa,* mhd. *hose,* engl. *hose* (heute, außer in Verbindung wie *panty-hose,* Strumpf- und Unterhose in einem), ‚(Wasser-)Schlauch', stammen, wie ‚Haus, Scheune, Haut', aus der indoeurop. Wurzel **skeu,* ‚bedecken, umhüllen, einhüllen'. Reitervölker, wie die Skythen oder Kelten, kannten Beinkleider, die vom Unterleib bis über die Waden reichten. Die Germanen

verstanden jedoch unter **huson* mit Lederriemen um Fuß und Unterschenkel fest gemachte Stoff- oder Lederlappen.
Bis in die Neuzeit bestand die Hose aus zwei strumpfartigen Gebilden, die an einer kurzen Hose, dem Bruch, befestigt wurden. Daher spricht man noch heute von einem Paar Hosen, genauso wie von einem Paar Strümpfen. Das 16. Jh. verband diese ‚Beinlinge' mit dem Bruch, sodass ‚Hose' nun das Kleidungsstück meinte, das wir heute kennen.

hübsch

bedeutete eigentlich ‚höfisch', so wie man sich bei Hofe beträgt. Die beiden Wörter haben nicht nur die ursprüngliche Bedeutung, sondern auch Formen gemeinsam, denn beide sind Ableitungen zu ‚Hof; Fürstenhof'. Allerdings hat ‚hübsch' dabei den Umweg über altfrz. *cortois,* ‚hofgemäß, gebildet, gesittet', von *court,* ‚Hof,' genommen. Als Lehnwort *kurteis* kam es im 12. Jh. ins Mittelhochdeutsche, um dann im Fränkischen mit *hüvesch,* ‚hübsch', nachgebildet zu werden. Seit dem 15. Jh. hat sich die Bedeutung von ‚hübsch' gänzlich vom Hof wegbewegt zu ‚fein aussehend, angenehm, nett'; die Lücke hat ‚höfisch' ausgefüllt.

Idiot

Was wir uns heute als Schimpfwort im Sinne von ‚Dummkopf, Trottel' an den Kopf werfen, ist ein Lehnwort aus griech. *idiotes,* ‚Mann aus dem Volk, einfacher, ungelernter Mensch, Laie', aber auch ‚Pfuscher und Nichtskönner'. In dieser Bedeutung kam *Idiot* bereits im 16. Jh. ins Deutsche. Seit 1300 hatte sich in England eine juristisch-medizinische Sonderbedeutung herausgebildet: *Idiot* bezeichnet da den unzurechnungsfähigen, den hochgradig Schwachsinnigen, was ebenfalls ins Deutsche übernommen wurde. Ein Idiotikon ist aber weder ein Buch für Dummköpfe noch für Schwachsinnige: Es bewahrt die ursprüngliche griech. Bedeutung, sodass es sich als ‚das Eigentümliche, Volkstümliche' übersetzen lässt. Gemeint ist ein Mundartwörterbuch, das sich mit den Eigentümlichkeiten der Volkssprache befasst.

Industrie

fußt auf lat. *industria,* ‚Fleiß, beharrliche Tätigkeit, Betriebsamkeit'. Das Wort kam bereits im 18. Jh. über frz. *industrie,* ‚Fleiß, Geschäftigkeit', ins Deutsche. Über ‚Gewerbe, Gewerbefleiß' pendelte sich die Bedeutung Ende des Jh. bei ‚gewerbliche Produktion, maschinelle Großproduktion' ein.

informieren und Information

gehören seit 600 Jahren zur deutschen Sprache, sind aber erst in unserem Jahrhundert zu eigentlichen Schlagwörtern geworden. Dahinter steht lat. *informare,* ursprünglich ‚formen, Gestalt geben, bilden'. Früh wurde *informare* im übertragenen Sinne gebraucht: ‚durch Unterweisung bilden, die Meinung formen, unterrichten'. In diesem Sinne kam es im 14. Jh. auch ins Deutsche. Heute informiert uns die Bahnhofsinformation, jedes Blatt trägt einen Info-Teil, an Infotheken lassen sich z.B. die Straßenzustandsberichte abrufen, Politiker treffen sich zu einem kurzen Informationsaustausch. Damit hat sich ‚informieren' noch ein weiteres Stück von seinem Ursprung entfernt zu ‚in Kenntnis setzen, Auskunft geben'.

Insel

gelangte zweimal aus lat. *insula* ins Deutsche. Das erste Mal, über die romanischen Sprachen, wurde ahd. *isila,* fmhd. *isele* daraus. Beide Wörter können ihre Ähnlichkeit mit it. *isola,* span. *isla,* frz. *île* und dem aus dem altfrz. entlehnten engl. *isle* nicht verleugnen. Die direkte Entlehnung aus lat. *insula* im 13. Jh. ergab mhd. *insele,* das zu unserem ‚Insel' wurde, und *insul,* das dafür sorgte, dass die Bewohner einer Insel keine ‚Inselaner', sondern Insulaner sind.

Inserat

geht auf lat. *inserere,* ‚einfügen, hinzufügen, einschieben', zurück und kam im 16. Jh. als Lehnwort in die Amts- und Verwaltungssprache. Waren Akten unvollständig oder unklar, wurden sie mit dem Vermerk *inserat,* ‚er soll einfügen', versehen. Gemeint war, dass der Amtsschreiber die nötigen Erklärungen und Informationen zusammenzusuchen und einzufügen hatte. Mit dem Aufschwung des Zeitungswesens im 18. Jh. ging ‚Inserat' auf die zwischen die Texte eingeschobenen Anzeigen über.

Internet

ist ein englisches Kunstwort aus lat. *inter,* ‚zwischen, in der Mitte von', und engl. *net,* ‚Netz'. Gemeint ist die internationale, globale Vernetzung durch die elektronischen Medien.

Ische

aus jidd. *ische* wird unter Schülern gern leicht abfällig für ‚Mädchen' gebraucht. Es rutschte über das Rotwelsche in die Umgangssprache; der Ursprung liegt in hebr. *issa(h),* dem hochseriösen Wort für ‚Gattin, Gemahlin'.

Jaguar

Im 16. bzw. 17. Jh. hieß der Jaguar im Deutschen *Jauware* oder *Jaguaretae.* Die brasilianischen Indianer nannten Amerikas größte Raubkatze in ihren Sprachen Tupí und Guaraní *jagwar, ianware,* ‚Fleisch fressendes Tier'. Das Wort kam über port. *jaguareté* und engl. *jaguar* im 18. Jh. als *jagouar, jaguar* ins Französische und von dort ins Deutsche – wo es die beiden oben erwähnten Lehnwörter verdrängte. Jaguar bedeutet natürlich heute auch die Marke eines teuren, schnittigen Autos.

Januar

Der erste Monat des römischen Kalenders hieß nach dem römischen Gott Janus, lat. *mensis Ianuarius.* Janus war der zweigesichtige Wächter über Tor und Tür, Ein- und Ausgang, Anfang und Ende. Das Mhd. übernahm den Monatsnamen als *jenner,* was bis heute in der Schweiz und Österreich als ‚Jänner' überlebt hat. Das uns vertraute ‚Januar' stammt aus der Gelehrtensprache des 18. Jh.

Jeans

Der heute weltweit verbreitete Hosentyp geht auf eine schlichte Arbeitshose mit besonders starken Nähten und genieteten Taschen aus festem, blauem Baumwollstoff zurück. Da die Handelsstadt Genua der größte Umschlagplatz für dieses Material war, blieb der Name der Stadt in der französischen Form, *Gênes,* daran hängen. Anglisiert wurde daraus Jeans. Mit den Amerikanern kamen die Bluejeans – blaue Hosen aus dem Stoff von Genua – nach Kriegsende nach Deutschland. In unserer Zeit gibt es sie in allen Farben. Nicht nur der Name, auch die Sache hat sich seit Mitte des 20. Jh. verändert. Sie sind zum Inbegriff jugendlicher Freizeitkleidung geworden.

Jeep

Das Kunstwort aus den englisch bzw. amerikanisch ausgesprochenen Anfangsbuchstaben *G. P.* von *general purpose war truck,* ‚Mehrzweckkriegslastkraftwagen', wurde im 2. Weltkrieg zum Lehnwort im Deutschen.

Jet

ist entweder aus engl. *jet-liner,* ‚Liniendüsenflugzeug', oder *jet-plane,* ‚Düsenflugzeug', verkürzt. Beides sind Lehnwörter aus der Mitte unseres Jh. Engl. *jet,* ‚Strahlrohr, Düse', bedeutete ursprünglich ‚(Wasser-)Strahl', aus to *jet,* ‚hervorschießen, herausschießen', das auf frz. *jeter,* ‚werfen, schleudern', zurückgeht. Dahinter steht lat. *iectare,* das wie *iactare* ‚werfen, schleudern, ausstoßen' bedeutet. Um *to jet* gruppieren sich eine Reihe von Modewörtern wie ‚jetten', ‚(schnellstens) per Düsenflugzeug irgendwohin fliegen', oder ‚Jetset' aus *jet* und engl. *set,* ‚Gesellschaftsschicht, Klasse, Gruppe von Menschen'. Gemeint ist die internationale Sckickeria, die sich *per jet* an jenen Orten trifft, die gerade ‚in' sind.

Juli

Der siebte Monat trägt den Familiennamen des berühmten römischen Feldherrn und Staatsmanns, Gaius Julius Caesar, zum Andenken an seine Kalenderreform. Wie der ‚Juni' kam auch der ‚Juli' über die Genitivform ‚Julii' (nach einem Datum) ins Deutsche. ‚Juli' drängte die deutsche Bezeichnung ‚Heuet', ‚Heumonat' in die Mundart ab.

Juni

geht auf Juno zurück, die königliche Gattin des höchsten römischen Gottes Jupiter. Ihr unterstanden Ehe, Geburt und Fruchtbarkeit, auch die der Felder. Lat. *Junius mensis,* ‚der der Juno geweihte Monat', ergab frz. *juin,* engl. *June.* Aus der Genitivform

‚Junii' hinter einem Datum (der soundsovielte Tag des Juni) entstand unser ‚Juni'. Bei telefonischen Angaben wird der Deutlichkeit halber gern auf ‚Juno' zurückgegriffen. ‚Brachmonat' oder ‚Brachet' war bis ins 16. Jh. die deutsche Bezeichnung für den sechsten Kalendermonat. Zu dem Zeitpunkt mussten die seit dem Vorjahr brachliegenden Äcker für die Wintersaat umgepflügt werden. In der Mundart wird ‚Brachet' noch immer benützt.

Kaffee

gelangte um 1670, als letztes Glied einer ganzen Entlehnungskette, ins Deutsche, und zwar aus frz. *café,* und das wiederum aus it. *caffè,* türk. *kahve* und ar. *qahwa.* Venezianische Händler hatten als erste Kaffee aus der Türkei mitgebracht. Im Norden und Osten Europas trat der Kaffee ebenfalls seinen Siegeszug an. Die Engländer und Niederländer entlehnten engl. *coffee* und niederl. *koffie* direkt aus dem Arabischen, das Russische entlieh sich sein *kofe* auf dem Englischen oder Niederländischen. ‚Café' ersetzte das ältere ‚Kaffeehaus', wofür z.B. Wien noch immer berühmt ist, im 19. Jh. Mit einer Bohne hat die Kaffeebohne im Grunde nichts zu tun, eher mit einer Kirsche. Die Araber nannten die Frucht des Kaffeebaums *bunn,* was deutschen Ohren wie ‚Bohne' klang.

Kakao

Die Azteken bezeichneten mit *cacauatl* Kakaobohne und -baum. Die spanischen Eroberer verkürzten die ihnen fremde Lautfolge zum Wort *cacao,* das viele europäische Sprachen übernahmen. Im Dt. taucht es nach der Mitte des 16. Jh. auf. Die umgangssprachliche Redewendung ‚jemanden durch den Kakao ziehen', d.h. einen Abwesenden schlecht machen oder jemanden veralbern, braucht ‚Kakao' verharmlosend für ein Wort, das die ersten drei Laute mit ihm teilt, aber nicht für salonfähig gilt.

Kamera

verkürzt aus neulat. *camera obscura,* ‚dunkle Kammer', führt uns zum Ursprung von Fotografie und Film. Eine kleine Öffnung in einem dunklen Raum lässt ein auf dem Kopf stehendes, seitenverkehrtes Bild von dem, was außen zu sehen ist, auf der Rückwand erscheinen. Diese Beobachtung führte zum Nachbau eines lichtundurchlässigen, mit Loch, Linse und

Platte ausgestatteten Kasten – zum ersten Fotoapparat. ‚Kamera' drängt heute ‚Fotoapparat' zurück, obwohl eigentlich das Aufnahmegerät für Filmaufnahmen damit gemeint ist.

Kanone

-one ist die it. Vergrößerungssilbe. It. *canna,* ‚Röhricht, Rohr, Röhre', aus lat. *canna,* ‚Schilfrohr, Röhre', wird in Verbindung mit *-one* zu *cannone,* zum ‚großen Rohr' und wurde im 16. Jh. in dieser Bedeutung ins Deutsche übernommen. Da das große Rohr aber der auffälligste Teil eines Geschützes ist, dauerte es nicht lange, bis Kanone für das Ganze zu stehen kam. Allerdings zog dies den Wechsel des grammatikalischen Geschlechts nach sich zu ‚die Kanone'. Im 20. Jh. nahm ‚Kanone' noch die Bedeutung ‚Sportgröße, Spitzensportler' dazu. ‚Unter aller Kanone' hat mit dem Geschütz gar nichts zu tun, sondern mit lat. *canon,* ‚Richtschnur, Maß, Regel'. Es ist eine wörtliche Witzübersetzung - es müsste eigentlich heißen ‚unter jedem Maß!'. Gemeint ist, dass z.B. Noten so miserabel sind, dass kein Maßstab mehr gilt.

Kapelle

bedeutet eigentlich ‚Kapuzenmäntelchen'. Der berühmte Mantel, den Sankt Martin von Tours mit dem Bettler teilte, war die römisch-militärische *cappa,* ein weites, ärmelloses Kleidungsstück aus schwerem Wollstoff mit Kapuze, das die Soldaten auch als Decke benützten. Die fränkischen Könige bewahrten den Mantel des Heiligen als Reliquie in einem kleinen Gebetshaus auf, auf das das Wort in seiner Verkleinerung *cap(p)ella* überging. Seit dem 7. Jh. sind dann Gotteshäuser und Seitenräume einer Kirche allgemein als Kapellen bezeichnet worden. Da Fürsten bei Kirchenfesten Musik in ihren Kapellen machen ließen, kam auch die Gruppe der Musiker zur Bezeichnung ‚(Musik-) Kapelle'.

kapieren

aus lat. *capere,* ‚fassen, ergreifen', aber im übertragenen Sinne ‚geistig erfassen, begreifen', stammt aus der Schülersprache. Als witzige Wendung wurde es französisiert zu ‚schwer von kapee', für ‚begriffsstutzig'. Daneben steht das sehr autoritäre it. *capito,* ‚verstanden!'.

Kappes

umgangssprachlich ‚dummes Zeug, Geschwätz', kommt von ahd. *kabuz,* mhd. *kabez,* ‚(Weiß-) Kohl'. Dahinter steht lat. *caputia,* ‚Kohlkopf'. Gemeint ist offensichtlich, dass nur einer, der statt einem Kopf einen Koplkopf zwischen den Schultern sitzen hat, so viel Unsinn erzählen kann.

kaputt

kam im Dreißigjährigen Krieg als grimmiger Scherz ins Deutsche. Frz. *faire capot* gehört eigentlich zum Kartenspiel und bedeutet ‚jemanden schwarz spielen, die Stiche nehmen'. Nun aber gebrauchten es die Soldaten für ‚sinnlos zerstören, totschlagen'. Ob letztlich dahinter die lat. *cappa* steckt, der Kapuzenmantel (vgl. Kapelle), der über den Kopf gezogen einen Menschen jeglicher Handlungsfreiheit beraubt, oder ob ‚kentern', frz. *capoter,* das Ausgangswort ist, darüber streiten sich die Sprachwissenschaftler. Seither ist ‚kaputt' um einiges harmloser geworden: Ein kaputtes Glas ist ‚entzwei', eine kaputte Ehe allerdings gänzlich gescheitert. Die umgangssprachliche Wendung ‚was ist denn jetzt kaputt?' bedeutet nur ‚was ist denn jetzt passiert?'.

Karneval

ist wie frz. *carnaval* aus it. *carnevale* entlehnt. Das Masken- und Narrenfest zeigt zwar die Fastenzeit an, die Herkunft des Wortes ist jedoch nicht eindeutig. Am wahrscheinlichsten ist die Herkunft aus mittellat. *carnelevale, carnelevare* aus *carnis,* ‚Fleisch', und *levare,* ‚wegnehmen, weglassen', also ‚Fleischwegnahme, Fleischweglassen'. Sicher ist jedoch, dass lat. *carne vale,* ‚Fleisch, leb' wohl!', eine Jux-Etymologie ist.

Karre(n)

hat nicht immer, wie in der heutigen Umgangssprache, ‚schäbiges, altes Auto' bedeutet. Ahd. *karro, karra,* mhd. *karre* war der normale zwei- oder vierrädrige Wagen für Last und Leute, die Karosse die prunkvoll ausgestattete Kutsche.
Alle drei sind aus lat. *carrus,* ‚vierrädriger Transportwagen', entlehnt, der selbst auf gallo-röm. *carros* aus keltisch *karro,* ‚laufen, fahren', zurückgeht. Das erinnert an die metallbeschlagenen, prächtig geschmückten Wagen, wie sie in keltischen Gräbern in Europa gefunden worden sind.

Karriere

‚(steil ansteigende) erfolgreiche Laufbahn' aus frz. *carrière,* ‚Rennbahn, Laufbahn', geht auf die mittellat. *via carraria,* die ‚Fahrstraße' zurück, die Straße, die für den *carrus* (vgl. Karre[n]) taugt.

Kartoffel

vor dem 17. Jh. *Tartoffel,* kommt von it. *tartufo,* ‚Trüffel', aus lat. *terrae tuber,* ‚Erdknolle'. Die Kartoffeln, die die Spanier im 16. Jh. von Südamerika nach Europa brachten, wurden von der italienischen Bevölkerung erst mit den ihnen bekannten Trüffeln verwechselt. Italien hat seither schon längst zu *patata* für Kartoffel hinübergewechselt, das Wort, das in der Eingeborenensprache Haitis eigentlich die Süßkartoffel bezeichnet. Immerhin hat es auch Englisch mit *potato* und Schwedisch mit *potatis* versorgt. In Frankreich heißt die Kartoffel *pomme de terre* (daher kommen die Pommes an der Bude, eigentlich die

Pommes frites, ‚gebackene Kartoffelstäbchen'), was exakt den in gewissen Gegenden gebräuchlichen ‚Erdäpfeln' entspricht.

Kasse

kam aus der it. Kaufmanns- und Bankiersprache (vgl. Bank) im 16. Jh. als *cassa* ins Deutsche. It. *cassa,* ‚Behälter, Kasten, verschließbare Kiste für Geld, Zahlungsraum', geht auf lat. *capsa,* ‚Behälter, Kasten, Kapsel', zurück. Ende des 17. Jh. wird Cassa mit Ausnahme der Fachausdrücke wie z.B. ‚per Kassa' für ‚bar' eingedeutscht zu ‚Kasse'.

Kassette

Die frz. Verkleinerungssilbe *-ette* macht frz. *casse,* ‚Kasten', zu cassette, ‚Kästchen' (vgl. Kasse). Im 18. Jh. wurde das Wort im Sinne von ‚Schmuckkästchen' ins Deutsche entlehnt.
Heute bezeichnet die Kassette entweder eine feste Schutzhülle um mehrere in eine Ausgabe zusammengefasste Bücher – Die Sagen des klassischen Altertums in einer zweibändigen Kassette – oder aber Kunststoffgehäuse um Ton- oder Videobänder – Musik-, Videokassetten.

keck

‚lebhaft, munter, unbekümmert, unbefangen, auf charmante Art sogar etwas frech' hat mit ahd. und mhd. *quec,* ‚lebendig, lebhaft, munter, stark, mutig', engl. *quick,* ‚schnell, munter', schwed. *kvick,* ‚flink, geistreich', die Lebensenergie gemeinsam. Nicht umsonst gehen diese gemeingerm. Wörter auf die indoeurop. Wurzel **guei,* ‚leben', zurück. Verwandt sind, auch wenn dies Erweiterungen, Vorsilben und Ablautungen nicht ohne weiteres erkennen lassen, griech. *bios,* ‚Leben', ir. *beo,* ‚Leben', *bia,* ‚Lebensmittel', lat. *vivere* und *vita,* ‚leben und Leben', russ. *zit* und *zivot* in derselben Bedeutung sowie natürlich it. *vivere, vita,* frz. *vivre, vie,* span. *vida* und *vivir.*

Keks

aus engl. *cakes,* ist ein Lehnwort unseres Jh. Verlangte man in England *cakes,* würden ganze Kuchen angeschleppt, denn unser Keks ist der Plural, ‚Kuchen'. Das trockene Kleingebäck, das wir damit meinen, heißt auf Englisch *biscuit.* Hier wurde ‚Keks' jedoch als Einzahl verstanden, ‚ein zerkrümelter Keks', und ein Plural ‚Kekse' dazu gebildet. In der Umgangssprache steht ‚Keks' auch für ‚Kopf' – ‚es geht mir auf den Keks', ‚strengt mich geistig an, macht mich nervös'. Dabei dürfte es sich um eine Volksetymologie handeln, hinter der sich jidd. *gag,* ‚Dach', verbirgt.

Kerl

bezeichnet im heutigen Sprachgebrauch ein männliches Wesen – man spricht von einem ‚kräftigen, baumlangen Kerl' –, aber auch einen sympathischen Menschen, sogar wenn dieser Mensch eindeutig eine Frau ist: ‚Deine Schwester ist ein lieber Kerl; unsere gelähmte Nachbarin ist ein tapferer Kerl!' Im Mittelalter galt ‚Kerl' nur für das männliche Geschlecht, dafür für Männer verschiedenster Art. Ahd. *karal,* mhd. *karl(e), kerl(e)* bezeichnete den freien, aber nicht edlen Mann, den Ehemann, den Geliebten, aber auch schon den groben, ungehobelten Klotz von einem Mann. In diese Richtung zielt engl. *churl* mit ‚Bauer, Tölpel, grober Kerl', während schwed. *kerl,* ‚Mann, Kerl, Bauer' darunter verstand. All diese gemeingerm. Wörter, einschließlich des Eigennamens ‚Karl', gehen auf die indoeurop. Wurzel **ger,* ‚reif, alt, morsch werden', zurück. Demnach bedeutet ‚Karl/Kerl' ursprünglich ‚der Alte'.

Ketschup, auch: Ketchup

Was im Horrorfilm Blut ersetzt und auf unseren Pommes landet, ist ein Lehnwort aus dem Englischen aus unserem Jh., das seinerseits aus chinesisch *koechiap* oder malysisch *kechap,* ‚gewürzte Fischsoße', entlehnt wurde.

Kid

gewöhnlich im Plural *kids,* ‚Kinder, Jugendliche', verbreitete sich aus dem Englischen/Amerikanischen in der deutschen Jugend- und Mediensprache. *Kid* entspricht von der Bedeutung, aber auch von der Form her genau dem deutschen ‚Kitz', ‚dem Zicklein, der jungen Ziege'.

Kidnappen, Kidnapping

von engl. *to kidnap* aus *kid,* ‚Kind' (vgl. Kid), und *to nap,* ‚fangen, ergreifen', bezeichnet das ernsthafte Verbrechen der Kindsentführung, des Menschenraubs. Der Ausdruck kam im 17. Jh. im Zusammenhang mit der Entführung Jugendlicher auf, die als Zwangsarbeiter oder Sklaven auf überseeische Plantagen gebracht wurden. ‚Kidnappen' ist ein Lehnwort, das sich in allen Formen anpasst, z.B. ‚ein kleines Mädchen ist gekidnappt worden'.

Klo

ist verkürzt aus Klosett, engl. *closet,* ‚kleines Zimmer, Privatgemach', ursprünglich aus lat. *clausum,* ‚abgeschlossener Ort', wie in ‚Einsiedlerklause'. Klosett jedoch ist bereits eine Verkürzung aus engl. *water-closet,* ‚abgeschlossenes Räumchen mit Wasser(spülung)', was oft bis auf die Anfangsbuchstaben abgekürzt auf den Türen zu eben diesen Räumchen angeschrieben steht: ‚WC'.

knutschen

Mhd. *knutzen, knützen* bedeutete ‚drücken, zusammendrücken, quetschen', mhd. *zuknutschen* ‚zerdrücken'. Die verhochdeutschte Form von ‚knutschen, knautschen' hat diese Bedeutungen übernommen, sodass ‚knutschen' frei wurde für ‚an sich drücken, heftig umarmen, küssen, liebkosen'.

Kopf

Vor rund 1200 Jahren war ahd. *koph* das Wort für ein Schöpf- und Trinkgefäß, einen Becher oder eine Schale. Engl. *cup,* ‚Tasse, Becher', hält bis heute an dieser Bedeutung fest. ‚Coupe Melba' auf der Speisekarte der Eisdiele bezeichnet ein Schälchen Vanilleeis mit Pfirsich und Himbeersoße – *la coupe* ist frz. für (Trink-)Schale. Wegen der Ähnlichkeit der Form wurde im Mhd. alles Schalenförmige mit ‚Kopf' bezeichnet, z.B. auch der Schädel, der das Gehirn umschließt. Nicht umsonst gibt es auch das Wort ‚Hirnschale'. Damit war der Weg für ‚Kopf' in unserem Sinne frei, für den Körperteil nämlich, den der Mensch auf den Schultern trägt. Seit dem 16. Jh. ist diese Bezeichnung so erfolgreich, dass sie das ältere ‚Haupt' in die gehobene Sprache abdrängte. In der Redewendung ‚ein kluger Kopf' steht ‚Kopf' sogar für den ganzen Menschen, ein kluger Mensch ist gemeint. Das engl. *cup* kommt in unserem Jh. im Dt. wieder zum Zuge: Der ‚Cup' bezeichnet den Siegerpokal bei sportlichen Wettkämpfen. Sowohl das engl. wie auch das frz. und dt. Wort gehen letztlich auf ein spätlat. *cuppa* für ‚Becher' zurück.

Kram

Ahd. und mhd. *kram* bedeuten ‚Zeltdecke, Zelt, Marktbude, Ware'. Das Wort wurde also vom Schutzdach, unter dem der fahrende Händler seine Ware feilbot, auf die Ware selbst übertragen. ‚Kram' im Zusammenhang mit Handel hat heute etwas Herablassendes. Der ‚Kramladen' ist ein einfaches, meist ländliches Lädchen, das alles für den täglichen Bedarf feilbietet. ‚Kram' selbst wird abwertend gebraucht: ‚unnützes, wertloses Zeug, Krimskrams' – ‚was soll ich mit dem ganzen Kram?'. ‚Den ganzen Kram hinschmeißen' heißt so viel wie ‚etwas satt haben'.

küssen

von ahd. *kussen* über mhd. *küssen,* engl. *to kiss,* schwed. *kyssa,* altfrz. *kessa,* griech. *kynein* bis zu hethitisch *kuuaszi* ahmen alle Wörter einfach den beim Küssen entstehenden, typischen Laut nach.

Lady

‚große Dame', lässt sich seit dem 18. Jh. in deutschen Texten nachweisen. Engl. *Lady* ist an sich Titel und Anrede der adligen Dame – ‚Lady Di'. Das Wort geht auf altengl. *hlaefdige,* aus *hlaf,* ‚(Brot-)Laib', und **deigjon,* ‚Kneterin', also ‚Brotkneterin, Herstellerin der Brotlaibe' zurück. Parallel dazu ist der Lord, altengl. *hlaford,* der ‚Laibwart, der Brotwächter'. Aus derjenigen, die den Haushalt mit Brot versorgt, wurde die Herrin, deren Brot die Untergebenen aßen, die Haus- und Schlossherrin, ja sogar die Königin.

Lampe

Mhd. *lampe,* niederl. und engl. *lamp* sind aus frz. *lampe* entlehnt, das seinerseits auf spätlat. *lampada* aus griech. *lampas,* ‚Fackel, Leuchte', zurückgeht. Im 16. Jh. verdrängte Lampe die Ampel als Hausbeleuchtung (vgl. Ampel). Zusammen mit der Vergrößerungssilbe *-one* ergab it. *lampa, lampione,* ‚große Wagenlaterne, Straßenlaterne'. Über frz. *lampion* kam sie in der Bedeutung (fernöstliche) Papierlaterne als ‚Lampion' ins Deutsche.

Laune

Nicht von ungefähr genügte dem Mittelhochdeutschen das eine Wort *lune,* aus lat. *luna,* ‚Mond' für ‚Mond, Mondphase, Mondwechsel, Gemütsstimmung', denn, wie man heute wieder weiß, beeinflusst das Ab- und Zunehmen des Mondes das menschliche Gemüt stark, man braucht keineswegs mondsüchtig zu sein. Wie wenig es braucht, von der einen in die andere Stimmung zu geraten, zeigt sich bis in die Form: ‚Launig' bedeutet ‚voller guter Laune, witzig', ‚launisch' dagegen ‚voller wechselhafter Laune, unbeherrscht'.

Lektüre

Das Lehnwort aus frz. *lecture* geht auf mittellat. *lectura,* ‚das Lesen‘, von lat. *legere,* ‚lesen‘, zurück. Heute bedeutet es sowohl Lesen – die Lektüre eines Buches als auch Lesestoff – spannende Lektüre.

lesen

Dieses Verb hat zwei Bedeutungen, eine ältere ‚auflesen, sammeln‘, wie wir sie in der Verbindung ‚Trauben, Beeren, Ähren lesen‘ noch kennen und eine jüngere ‚Schriftzeichen in Sprache zurückverwandeln‘. Viele Sprachen haben die indoeuropäischen Wurzeln **les,* ‚sammeln, auflesen‘, weiterverwendet. Das Hethitische z.B. machte daraus *lessai* für ‚picken‘, das Litauische *lasyti* für ‚picken, auslesen, aussuchen, auswählen‘. Ahd. *lesan* und mhd. *lesen* wurden bereits in Verbindung mit Büchern oder der Messe benützt – ‚Bücher lesen, die Messe lesen‘. Dies kam mit Hilfe von lat. *legere,* ‚auflesen, sammeln, auswählen, Schriftzeichen lesen‘, zustande. Zwar hatten die Germanen ihre zum Wahrsagen ausgestreuten Runenstäbchen schon immer vom Boden aufgelesen – nur sie lasen die Zeichen nicht ab, sie deuteten sie. Dazu verwendeten sie aber das Verb ‚raten‘ (es hieß also ‚Runen raten‘, nicht ‚Runen lesen‘), woraus prompt engl. *to read* für ‚lesen‘ entstand.

Löffel

Ahd. *leffil, lepfil,* mhd. *leffel,* niederl. *lepel* gehören zum ahd. Verb *laffan,* ‚lecken‘, das seither aus der dt. Sprache verschwunden ist. Andere Sprachen, z.B. mittelniederl. **lapen,* ‚lecken, schlürfen‘, engl. *to lap,* ‚lecken, auflecken‘, niederl. *leppen,* ‚schlürfen, in kleinen Zügen trinken‘, führten ähnliche Formen weiter. Sie stammen alle von der indoeurop. Wurzel **lab(h), lap(h),* ‚lecken, schlürfen, schmatzen‘. Der Löffel heißt demnach ursprünglich ‚Gerät zum Lecken, Schlürfen‘.

Lokomotive

kam um 1830 als Lehnwort, verkürzt aus engl. *locomotive steam engine,* ins Deutsche. Es handelt sich dabei um eine Neubildung aus zwei lateinischen und zwei englischen Elementen, aus *locus,* ‚Ort', *motivus,* ‚sich bewegend, beweglich', *steam,* ‚Dampf', und *machine,* ‚Maschine' (vgl. Maschine), also ‚sich selbst vom Ort bewegende (Dampfmaschine)'. Was hätten die damaligen Erfinder wohl zur heutigen ‚Lok' gesagt?

machen

Ahd. *mahhon,* mhd. *machen,* engl. *to make,* niederl. *maken* gehen auf die indoeurop. Wurzel **mag,* ‚kneten, drücken, streichen', zurück. Verwandt sind griech. *massein,* ‚kneten, streichen, pressen, abbilden', und *magis,* ‚geknetete Masse, Teig, Kuchen', sowie russ. *mazat,* ‚bestreichen, beschmieren', und *maslo,* ‚Öl, Butter'. Ursprünglich bedeutete ‚machen' ‚Lehm geschmeidig kneten, Lehm verschmieren'. Beim Hausbau wurden die Flechtwerkwände mit Lehm verstrichen und zusammengefügt. Über ‚verfertigen, bewirken, zustande bringen' kam ‚machen' schließlich bei der heutigen Allerweltsbedeutung ‚tun' an. Niederdt./niederl. *maken* steuerte ‚makeln' im Sinne von ‚vermitteln, den Zwischenhändler machen' und ‚Makler', ‚Zwischenhändler', bei. Daraus entstand ‚mäkeln', ‚etwas auszusetzen haben, nörgeln, bemängeln'. Es gehörte zur Taktik der Zwischenhändler, die Ware zu bemängeln, um die Preise zu drücken. Seither kann man aber auch am Essen herummäkeln, ‚herumkritisieren'.

Macke

‚Fehler, Tick, absonderliche Eigenart', ‚du hast wohl 'ne Macke!' ist aus jidd. *macke,* ‚Fehler, Schaden', aus hebr. *makka,* ‚Schlag, Verletzung', in die Umgangssprache eingegangen.

Mai

Der 5. Monat stand bei den Römern unter dem Schutz des Gottes der Wachstumskräfte, dem Jupiter Maius. Dahinter steht jedoch die viel ältere große Göttin Maia, Mutter Erde. Maius oder Maia haben ahd. *meio,* mhd. *meie* und unser Wort ‚Mai' ergeben, aber auch frz. *mai,* it. *Maggio* und engl. *May.*

Märchen

‚Hänsel und Gretel', ‚Dornröschen', ‚Schneewittchen und die sieben Zwerge', ‚Frau Holle' waren in erster Linie nicht für Kinder, sondern für Erwachsene bestimmt. Das wird bereits bei der Herkunft des Wortes deutlich. Die Endung ‚-chen' weist auf eine Verkleinerung hin, von nhd. ‚Mär', nämlich ‚Nachricht, Kunde, Bericht' – was uns der Engel im Weihnachtslied ‚Vom Himmel hoch' bringt. ‚Mär' kommt von ahd. *mari* und mhd. *maere* zum seither ausgestorbenen Verb *maeren,* ‚verkündigen, sagen, rühmen'. Dahinter steht das nur noch in Personennamen (Dietmar, Volkmar) zu findende *mar,* ‚groß', das mit altir. *mar,* ir. *mór,* ‚groß', griech. *morus,* ‚groß, bedeutend', engl. *more,* ‚mehr', und unserem ‚mehr' zu tun hat. Alle diese Wörter gehen auf die indoeurop. Wurzel **me, *mo,* ‚groß, ansehnlich' zurück. Märchen sind demnach eigentlich kleine Erzählungen, ‚Berichte von großen, von großartigen Dingen'.

März

Ursprünglich war der römische Mars mehr als nur ein Kriegsgott, denn er galt als Beschützer von allem, was wächst und grünt. Der erste Monat im altrömischen Jahr war die Zeit, in der das Pflanzenwachstum wieder richtig in Schwung kam. So wurde er dem Mars geweiht. Lat. *Martius mensis* wurde ahd. zu *marzeo* oder *merzo,* mhd. zu merze, woraus sich die Bezeichnung für unseren dritten Monat, den März, ergab.

Masche

mhd. *masche,* ahd. *masca,* niederl. *maas,* engl. *mesh,* schwed. *maska,* litauisch *mazgas,* ‚Knoten, zugezogene Schlinge', zu *megzti,* ‚Knoten knüpfen, stricken', gehören zur indoeurop. Wurzel **mezg,* ‚stricken, knüpfen'. Das macht einmal so recht deutlich, was für weit verbreitete, uralte Künste Netzeknüpfen,

Häkeln und Stricken doch sind. ‚Masche' bedeutet also ursprünglich ‚Schlinge, Knoten, das Geknüpfte, Gestrickte'. Es ist das, was dem Vogelsteller, Fischer und Jäger den Lebensunterhalt ermöglicht – das Bild ‚durch die Maschen des Gesetzes schlüpfen' spielt auf diesen Sachverhalt an – und ihn obendrein mit warmer Kleidung versorgt. ‚Masche' im Sinne von ‚Trick, Kniff, gerissenes Verhalten, Lösung' – ‚schon wieder eine neue Masche' – gehört anscheinend nicht dazu. Hier liegt wahrscheinlich jidd. *mezio,* ‚Gewinn, Lösung', zu Grunde.

Maschine

im 17. Jh. aus fr. *machine* entlehnt, geht auf lat. *machina* zurück, das vom griech. Dialektwort *machana,* ‚Werkzeug, Hilfsmittel, künstliche Vorrichtung, Kriegsmaschine', herkommt. Das klassische Wort *mechane* mit derselben Bedeutung, lat., hat dt. ‚Mechanik' ergeben, die Lehre von der Bewegung der Körper, ursprünglich die Kunst Maschinen zu erfinden. Wie im Französischen auch bedeutete Maschine erst die Kriegs- und Belagerungsmaschine, dann kam sie für alles mit einem mechanischen Triebwerk Ausgestattete, von der Waschmaschine bis zur Maschinenpistole zu stehen. Diese Erweiterung ist international: It. *macchina* ist z.B. das ‚Auto'.

Maus

geht letztlich auf indoeurop. **mus* zurück, wobei sich die Wörter der verschiedenen Sprachen unverkennbar ähnlich sind, z.B. ahd. und mhd. *mus,* niederl. *muis,* engl. *mouse,* schwed. *mus,* altind. *muh,* griech. *mys,* lat. *mus,* russ. *mys.* Altind. *musnatí,* ‚stiehlt, raubt', gibt möglicherweise den Schlüssel zur ursprünglichen Bedeutung her. Demnach wäre die Maus die ‚Stehlerin, Diebin'. ‚Mausen' wird im Deutschen ja auch im Sinne von ‚stibitzen, entwenden' gebraucht. Mit dem Beginn des Computerzeitalters ist ‚Maus' untrennbar mit dem Rechner verbunden – nicht nur durch das Kabel, das wie ein Mäuseschwanz wirkt. Das keilförmige Gerät, das sich in die Hand duckt und, indem es hin- und herhuscht, die Markierungssymbole auf dem Bildschirm steuert, gleicht selbst dem kleinen, grauen Nagetier.

Medien

Film, Funk, Fernsehen, die Presse werden als Medien bezeichnet, oft sogar als Massenmedien. Der Singular ist Medium aus lat. *medius,* ‚in der Mitte befindlich, mittlerer'. Wer aber in der Mitte sitzt, kann auf beide Seiten vermitteln. Die genannten Medien sind also Einrichtungen, die den Austausch von Meinungen, Informationen, Werbung und Kulturgütern ermöglichen.

meinen

Wir brauchen das Verb heute im Sinne von ‚etwas Besonderes im Auge haben', ‚er meint sie, nicht ihn', ‚sich äußern', ‚sie meinte zu uns, er sei ihr gleichgültig', ‚eine Ansicht haben', ‚ich meine aber!'. Ahd. und mhd. *meinen* bedeutete ‚im Sinne haben, nachdenken, nachsinnen, seine Gedanken richten auf'. Es liegt in der menschlichen Natur, sich in Gedanken mit dem zu beschäftigen, was man gerne mag, was einem lieb und teuer ist – Verliebte sind da ganz extrem – und so ist es nicht verwunderlich, dass ‚meinen' die Bedeutung ‚lieben' annahm. ‚Freiheit, die ich meine' ist also die Freiheit, die ich liebe, nicht die Freiheit, die ich im Auge habe und keine andere. Engl. *to mean* ist ein typischer ‚falscher Freund'. Das Verb hängt zwar sprachlich mit ‚meinen' zusammen, heißt aber ‚beabsichtigen', *meant to do it* – ‚ich hatte die Absicht, es zu tun' oder ‚bedeuten'. *What does ‚to mean' mean?*

Mittwoch

Im Wort für den vierten Wochentag lässt sich ein Stückchen Christianisierungspolitik mitverfolgen. Die Römer nannten den Tag nach Merkur, *dies Mercuri,* was noch heute in frz. *mercredi* weiterlebt. Die Germanen setzten Odin/Wodan an dessen Stelle, woraus engl. *Wednesday,* niederl. *woensdag* wurde. Ahd. *mittawehha* ist eine Lehnübersetzung aus kirchenlat. *mediheb-domas,* der mittlere von sieben Tagen. Damit entfernte die Kirche, ganz bewusst, den heidnischen Götternamen aus der Sprache und, als Langzeitfolge, auch aus dem Gedächtnis der Menschen.

Montag

Unser zweiter Wochentag ist das Ergebnis einer ganzen Übersetzungskette: griech. *hemera Selenes,* ‚Tag der Mondgöttin Selene', übersetzten die Römer mit *dies* und ihrer Mondgöttin, Luna, zu *dies Lunae.* Das Mhd. seinerseits übersetzte das Lateinische mit *mantac* oder *manotag* zu ‚Mondtag', genauso wie das Englische mit seinem *Monday,* dessen *d* bis heute geblieben ist.
Der ‚blaue Montag' war der Montag vor der Osterfastenzeit, zu der die Kirchenfarbe Blau gehört. Andererseits hatten die Handwerksburschen im Mittelalter am Montag ihren freien Tag – und feierten dann so kräftig, bis sie allesamt ‚blau' betrunken waren.

Musik

kam als Lehnwort *musica* aus lat. *ars musica,* ‚Kunst der Töne', bereits ins Ahd. Hinter musica steht griech. *mousiké,* ‚Kunst der Musen', jenen neun Göttinnen, die sich der Künste und Wissenschaften annahmen. Mhd. machte *museke, music,* fnhd. *music* daraus. Bis dahin war die Betonung auf der ersten Silbe üblich, *músic,* wie heute noch besonders in den südlichen

Mundarten. Unter dem Einfluss von frz. *musique* verschob sich im 17. Jh. die Betonung auf die Endsilbe, die nun auch Musik geschrieben wurde.

Müsli

eigentlich ‚Müesli'. Das Reformfrühstück des Schweizer Arztes M. O. Bircher-Brenner aus Haferflocken, Obst, Nüssen und Milch hat weltweit Anklang gefunden, natürlich auch in Deutschland.
Mit dem ungewohnten Doppel-, eigentlich Trippellaut *üe* tut man sich hierzulande allerdings etwas schwer, obwohl das Grundwort *Mus* ahd. und mhd. *muos,* ‚Brei, Speise', bekannt ist. Es steckt in unserem Gemüse, das mhd. *gemüese* denselben Laut enthielt. ‚Müsli' ohne Diphtong ist nicht die Verkleinerung von ‚Mus', sondern von ‚Maus' – ‚Mäuslein, Mäuschen'. Und das möchte man doch nicht unbedingt zum Frühstück vorgesetzt bekommen, oder?

mutterseelenallein

geht auf ‚mutterseel' zurück, der Volkseindeutschung von frz. *moi tout seul,* ‚ich ganz allein'. Als die ursprüngliche Bedeutung vergessen war, der Sinn aber noch galt, wurde zur Verdeutlichung ‚allein' zugefügt.

nett

ist heute ein Allerweltswort – netter Lehrer, nettes Mädchen, nettes Essen, nette Idee ... freundlich, hübsch, angenehm, unterhaltsam und vieles mehr wird darunter verstanden. Früher war das anders. Den Anfang machte lat. *nitidus,* ‚glänzend, sauber'. Daraus wurde frz. *net* (m.)/*nette* (f.), ‚rein, sauber, lauter, höflich'. Über die niederl. Kaufmannssprache gelangte *net* mit Bedeutung ‚rein' in der 2. Hälfte des 15. Jh. ins Niederdeutsche. (Im Handel ist der ‚Nettobetrag', der Reinbetrag nach allen Abzügen, noch immer ein Begriff.) Wenige Jahrzehnte später landete *net* im Hochdeutschen, allerdings erst nur von Metall, wiederum als sauber, glänzend, und es dauerte rund hundert Jahre, bis es auf Menschen und andere Gegenstände ausgedehnt wurde.

Note

Lat. *nota,* ‚Zeichen, Kennzeichen, Schriftstück', wurde auch für Buchstaben und im Mittellat. für Töne verwendet. Mhd. *note* bezieht sich denn auch auf Musiknoten. Seit dem 16. Jh. sind weitere Bedeutungen dazugekommen, u.a. ‚Note' als Bewertung schulischer Leistung oder ‚Banknote'.

November

Um 1000 hieß der 11. Monat des Jahres *herbistmanod,* ‚Herbstmonat'. Im Mhd. kam ‚November' aus lat. *mensis November* auf. Lat. *novem* bedeutet ‚neun', ‚November' meint also den neunten Monat. Wie ‚September, Oktober und Dezember' geht auch ‚November' auf den altrömischen Kalender zurück, der mit dem März begann.

nuklear

aus engl. *nuclear,* ‚den Kern betreffend', kann im 20. Jh. nur den Atomkern und in Verbindung mit Energie oder Waffen nur

Atomenergie, Atomwaffen meinen. *Nuclear* und ‚nuklear' sind die Adjektive zu lat. *nucleus,* ‚(Frucht-)Kern', das die Biologie für ‚Zellkern' beibehalten hat. *Nucleus* ist eigentlich nichts anderes als die Verkleinerung von lat. *nux,* ‚Nuss', engl. *nut,* it. *noce,* frz. *noix,* also ‚Nüsslein, Nuss'. *Nucleus* entspricht dem, was französisch auf der Tafel Nussschokolade steht: *(chocolat) aux noisettes.* Nur der Form nach allerdings, denn frz. *noisette* heißt ‚Haselnuss'.

Okay

ist aus der Jugend- und allgemein der Umgangssprache nicht mehr wegzudenken. Es kann ‚einverstanden' heißen, ‚wir treffen uns am Bahnhof, o.k.?' oder auch ‚in Ordnung', ‚alles o.k.!'. *O.k.* ist eine Jux-Abkürzung für amerikanisch *all correct,* was ja eigentlich *‚a.c'.* heißen müsste, aber so geschrieben wurde, wie die beiden Wörter bei wichtigtuerischer Aussprache im britischen Englisch herauskommen, als ‚oll korrect' nämlich. Die Journalisten der *Boston Morning Post* machten sich um 1839 den Spaß daraus, auf diese Art ihre Artikel zum Druck freizugeben.

Oktober

Ahd. *windumemanoth,* der ‚Weinlesemonat', für den zehnten Kalendermonat wurde bereits im Mhd. durch *October,* aus *mensis October,* ersetzt. Dies bedeutet aber der achte Monat. ‚Oktober' gehört mit ‚September, November und Dezember' noch zum altrömischen Kalender, der mit dem März anfing.

Orange

war ursprünglich keine Apfelsine. Die bittere Zitrusfrucht, die vom Süden her nach Deutschland kam, war damit gemeint. Das Wort steht am Ende einer langen Entlehnungskette: Persisch *haräng* ergab im Arabischen *harandsch,* erreichte Spanien als *naranga,* Italien als *pomerancia* (was ‚Pomeranze' ergab) und Frankreich als *pomme d'orange,* ‚Orangenapfel', verkürzt zu ‚Orange'. Von *‚arange'* zu *‚orange'* kam die Volksetymologie, die unwissenschaftliche Erklärung der Wörter, zum Zuge: Da die Bedeutung von *‚arange'* verloren gegangen war, suchte man den Zusammenhang mit frz. *or,* ‚Gold', und machte die ‚Orange' zum ‚Goldapfel'. Als zweite Verbindung käme die französische Stadt Orange in Frage, die Orangen in Mengen exportierte.

Papier

Das Wort ‚Papier' geht auf lat. *papyrus* aus griech. *papyros,* zurück, auf die Papyrosstaude und die aus ihrem Mark hergestellten Bogen, die zu Rollen aneinander geklebt, beschriftet wurden. ‚Papyros' stammt möglicherweise von ägyptisch *paper-aa,* ‚was zum Pharao gehört', denn die Papierherstellung war in der Antike ein königliches Monopol. *Papirus,* das im 12. Jh. und *paperium,* das im 13. Jh. in Oberitalien nachgewiesen ist, war eigentlich nur noch dem Namen nach Papyros: Die Araber hatten ein Verfahren gefunden, Papier aus Stoff- und Seidenabfällen herzustellen. Der Werkstoff änderte sich, das Wort blieb, nicht anders als bei unserer Strickwolle, die auch aus 100% Polyamid bestehen kann. Im 14. Jh. geriet es über (alt)frz. *papier* ins Deutsche.

parfümieren

aus frz. *parfumer,* sich mit Parfüm ‚betupfen, besprühen', ist seit 1600 Lehnwort im Deutschen. Im Verb und im Substantiv, die uns vor dem Ausgehen in eine Wolke von Wohlgerüchen hüllen, steckt lat. *fumare,* ‚rauchen, qualmen'. Im Mittelalter wurden Kräuter und Harze verbrannt und die Häuser damit ausgeräuchert, um die Menschen vor Ansteckung zu schützen. Weihrauch und Myrrhe z.B. haben eine wohlriechende sowie eine antiseptische Wirkung. Mit ‚Parfüm' meinen wir heute gewöhnlich in Alkohol gelöste Duftstoffe.

Patient

seit dem 16. Jh. Lehnwort aus lat. *patiens, patientis,* ‚ertragend, erduldend, leidend, für den Kranken in ärztlicher Behandlung'. ‚Patient' ist also eigentlich der ‚Leidende, der Dulder'.

Pause

Das frz. Allerweltswort *poser,* ‚legen, setzen, stellen, ruhen', bedeutet auch noch ‚die Arbeit unterbrechen'. Dazu gab es schon altfrz. *pose,* ‚Unterbrechung, Ruhe', aus lat. *pausa,* das seinerseits aus griech. *pausis,* ‚Ruhe, Rast', entlehnt war. Über die romanischen Sprachen, möglicherweise war auch it. *posa* beteiligt, kam mhd. *puse* im 13. Jh. ins Deutsche.

Pergament

wird im Alltag heute höchstens noch im Sinne von ‚Butterbrotpapier' verwendet – und das ist natürlich kein echtes mehr. Echtes besteht aus sorgfältig präparierter Tierhaut, auf die früher Bücher geschrieben wurden. ‚Pergament' ist nach der kleinasiatischen Stadt Pergamon genannt. Als Ende des 2. vorchristlichen Jh. die ägyptischen Herrscher die Ausfuhr von Papyrus verboten (vgl. Papier), traf das die große Bibliothek von Pergamon hart. In dieser Notlage wurden Verfahren erfunden, um Tierhäute als Schreibmaterial heranzuziehen. Der Erfolg war groß. Zwar war Pergament teurer als Papier, aber es ließ sich zweiseitig beschreiben, war haltbarer, die Schrift ließ sich durch Wegkratzen löschen, und überdies hatte die Stadt eine Spezialität entwickelt, die bald in die ganze damalige Welt ging. Und die Benennung ging mit: Lat. *pergamenum, pergamentum* wurde ahd. *pergamin* und mhd. *perment,* zu dem sich, durch Neuentlehnung, ‚Pergament' gesellte.

Pfirsich

ahd. *phersin,* mhd. *phersich,* niederl. *perzik,* engl. *peach,* frz. *pêche,* it. *pesca,* gehen alle auf lat. *malum persicum* zurück. Die Römer hatten den eigentlich aus China stammenden Pfirsichbaum in Persien kennen gelernt und nannten deshalb die Frucht ‚persischer Apfel'.

pfui!

drückt Abscheu, Ekel, Verachtung aus - ‚pfui Teufel!' oder moralische Entrüstung - ‚pfui, schäm' dich!' und gehört seit rund 900 Jahren zum Deutschen. Eine ganze Reihe indoeurop. Sprachen kennt Parallelformen: griech. *pheu!,* lat. *fu!,* frz. *fi!,* engl. *fie!,* niederl. *foei!,* mhd. *fiu.* Dieser Ausruf ahmt das Geräusch des Ausspuckens nach – in vielen Kulturen ist Ausspucken ein Zeichen des Abscheus und der Verachtung.

Philosoph

von lat. *philosophus,* dem griech. *philósophos* aus *philos,* ‚der . . . liebt, Freund' und *sophia,* ‚Weisheit', als ‚Freund der Weisheit' zu Grunde liegt, kam Ende des 15. Jh. als Fremdwort ins Deutsche. Ursprünglich war jeder, der sich um Wissen und Kenntnis bemühte, ganz gleich auf welchem Gebiet, ob Redekunst, Dichtung, Musik oder Mathematik, ein Philosoph. Seit Sokrates und Plato ist derjenige der wirkliche Philosoph, der die Wahrheit zu ergründen sucht, indem er systematisch über den Sinn des Lebens, das Wesen der Welt und das Dasein des Menschen, überhaupt über die großen Fragen des (Da-)Seins nachdenkt.

pleite sein/gehen

Sind Schüler pleite, ist das Taschengeld alle. Ist ein Kaufmann pleite, ist es grundsätzlich dasselbe, nur im größeren Umfang: Er ist zahlungsunfähig, bankrott. Pleite kam im 19. Jh. über das Rotwelsch, die Gaunersprache, in die Umgangssprache: *Blede machen* bedeutet entfliehen. Dahinter verbirgt sich jidd. *plejte,* ‚fort, weg, bankrott', und das wiederum geht auf das hebr. *peletah,* ‚Flucht, Rettung', zurück. Der Drang sich vor aufgebrachten Gläubigern durch Flucht zu retten war verständlich, wurden doch Zahlungsunfähige ins Schuldengefängnis geworfen. Sie kamen erst los, wenn sie losgekauft wurden, d.h. vielfach nie. Übrigens der *‚Pleitegeier‘* hat mit dem Raubvogel nichts zu tun, auch wenn der Adler auf dem Pfändungssiegel gern so genannt wird. Pleitegeier ist jiddisch für denjenigen, der pleite gegangen ist, den Pleitegeher, ausgesprochen ‚Pleitegeier‘.

Pop

verkürzt aus engl. *popular arts,* der Sammelbegriff für Musik, Kunst, Literatur, Mode, überhaupt die ganze Medienkultur der zweiten Hälfte des 20. Jh., tönt auf Deutsch, ‚volkstümliche Kunst, Volkskunst‘, nun doch um einiges weniger poppig. *Popular* kam über altfrz. *populeir* aus lat. *popularis,* ‚zum Volk gehörig, Volks-‘, ins Englische. Es ist eine Ableitung von lat. *populus,* ‚Volk‘, das schließlich als ‚Pöbel‘, ‚gemeines Volk, Gesindel‘ im Neuhochdeutschen landete. Auf der anderen Seite hat uns frz. *populaire* auch das Adjektiv populär, ‚volkstümlich, beliebt, allbekannt, allgemein verständlich‘ – ‚ein populärer Politiker‘ – geschenkt. Doch aufgepasst: Pop ist längst nicht überall populär.

Popo

das Wort aus der Kindersprache, hat lat. *podex,* ‚Gesäß, Hintern‘, erst auf ‚Po‘ verkürzt, nur um die Silbe dann zu verdoppeln. Dieser Vorgang ist heute rückgängig gemacht worden – ‚seit letztem Jahr bist du so gewachsen, das Kleidchen deckt dir kaum noch den Po‘. Podex ist das Substantiv zu lat. *pedere,* ‚pupsen‘.

Protokoll

Das Protokoll hält die wesentlichen Punkte einer Sache in knapper Form fest. Das gilt für das Stundenprotokoll im Unterricht wie auch für das, was wir der Polizei zu Protokoll geben, wenn Pass und Bargeld im Urlaub plötzlich weg sind, ja sogar für einen Staatsbesuch, bei dem das ganze Zeremoniell im Voraus festgesetzt ist. Seit dem 16. Jh. ist Protokoll ein Lehnwort im Deutschen, aus mittellat. *protocollum,* das auf griech. *proto,* ‚der Erste', und **kolla,* ‚Leim – das erste (an)geklebte' zurückgeht. Gemeint ist das erste Blatt einer Papyrusrolle (vgl. Papier), das neben den Autorennamen zwecks leichterem Auffinden knappe Angaben zu den Texten trug. Diese vorangestellten knappen Angaben wurden mitsamt ihrem Namen in Kanzleien beibehalten, als längst Pergamentblätter die Schriftrollen ersetzt hatten. Schließlich wurde ‚Protokoll' ganz allgemein auf kurze Berichte, die den Hergang einer Sache festhalten, ausgeweitet – siehe oben.

Pupille

Lehnwort aus lat. *pupilla,* ‚kleines Mädchen, Püppchen', die weibliche Form von lat. *pupus,* ‚Knabe, Kind'. Wenn man seinem Gegenüber in die Augen schaut, entdeckt man dort zwei kleine Figürchen, eben die ‚Püppchen', die dem Sehloch in der Regenbogenhaut den Namen einbrachten. Wer's nicht glaubt, kann es ja ausprobieren.

quasseln

Das niederdt. Verb *quasen* bedeutet unter anderem auch ‚fressen, übermäßig essen', d.h. übermäßig viel wird in den Mund gestopft. Beim daraus abgeleiteten ‚quasseln' ist die Richtung umgekehrt: Unmäßig viel unüberlegtes Geschwätz entströmt dem Mund. Dieser ursprünglich echte Berliner Ausdruck wechselt Mitte des 19. Jh. in die Umgangssprache über. Ebenfalls berlinerisch ist die ‚Quasselstrippe' – meist eine weibliche Person, die unentwegt ins Telefon, die Strippe, hineinschwatzt und nicht viel Kluges von sich gibt. Übrigens, *quasen* kommt vom niederdt. *dwas* für ‚töricht, dumm' und ist mit ‚dösen' und ‚Dussel' verwandt, auch wenn es auf den ersten Blick nicht so aussieht. Aber der Wechsel von *dw/tw* zu *qu* am Wortanfang ist seit dem 14. Jh. eine normale Entwicklung im Mitteldeutschen. Vergleiche ‚Zwetschge' und ‚quer'.

Quecksilber

Mhd. *quecsilber, kecsilber,* ahd. *quecsilabar,* engl. *quicksilver,* frz. *vif-argent* sind Lehnübersetzungen aus lat. *argentum vivum,* eigentlich ‚lebendiges Silber'. Zerbricht nämlich ein Fieberthermometer, zerfällt die Quecksilbersäule in tausend kleine Kügelchen, die in der Wohnung herumspringen. ‚Queck' und *quick* ist zwar dasselbe Wort (vgl. keck) mit Bedeutung ‚lebendig', nur bleibt man nicht sehr lange quicklebendig, wenn Quecksilber offen herumliegt, da es hochgiftige Dämpfe verströmt.

quer

Das Adjektiv ‚schräg, von der einen Seite auf die andere' – ‚eine Leine quer über den Hof spannen' – hieß ahd. noch *thewera,* mhd. *twer.* Im 14. Jh. wurde im mhd. Sprachraum *t* vor *w* im Anlaut zu *qu* (vgl. Zwetschge), wodurch *twer* als *quer* ins Nhd. kam. Das Oberdeutsche blieb bei der normalen Verschiebung von *t* zu *z,* mhd. *twer* zu nhd. *zwerch,* wie in ‚Zwerchfell', eigentlich ‚quere Haut', jener Haut- und Muskelboden, der sich von der einen zur anderen Seite spannt und den Brust- vom Bauchraum trennt. Wenn uns jemand in die Quere kommt, nervt das, weil er uns im Wege steht und an dem, was wir tun wollen, hindert. In dieser Wendung ist ‚quer' zu ‚die Quere' substantiviert.

Racker

‚Du kleiner Racker, du!‘ Was heute Omas zärtlich zu ihren Enkelkindern sagen, wenn sie Unfug anstellen, war im Mittelalter ein übler Schimpfname. Mittelniederl. *racke, rache* bedeutete ‚Kot, Schmutz, Dreck, Abfall‘. Der Racker war derjenige, der verachtet am Rande der Gesellschaft lebte und eben die *racke* fortschaffte – der Straßenfeger, der Abtrittsputzer, der Abdecker, der Tierkadaver beseitigte, aber auch der Totengräber und der Henker. In niederl. *rakker* lässt sich der Wandel vom Henkersknecht zum Taugenichts, zum Rangen mitverfolgen. Zwar war ‚Range‘ im 15. Jh. ein ebenso grobes Schimpfwort, ‚läufige Sau‘, gewesen. Im Nhd. war die ursprüngliche Bedeutung vergessen und ‚Range‘ kam für einen ‚bösen Buben‘, einen Schlingel und allgemein für ein wildes, ungebärdiges Kind zu stehen – praktisch gleichbedeutend mit ‚Racker‘. Das Verb ‚rackern‘ hat mehr von der ursprünglichen Bedeutung bewahrt. Anfangs hieß es ‚wie ein Racker arbeiten‘, heute ist ‚schuften, sich abmühen, sich abplagen‘ geblieben.

Rad

ahd. *rad,* mhd. *rat,* niederl. *rad* (– aus der Gruppe der wichtigsten germ. Sprachen fehlen Formen für Engl. und Schwed. –) gehen, zusammen mit verwandten Wörtern wie ir. *roth,* ‚Rad‘, lat. *rota,* ‚Rad, Scheibe‘, und *rotare,* ‚(sich) kreisförmig drehen‘, altind. *ráthah,* ‚Wagen‘ und *rathú,* ‚im Wagen fahren‘, auf die indoeurop. Wurzel **roth(h),* ‚Rad‘, zurück. Dazu gesellt sich die Wurzel zum Verb **ret(h),* ‚rollen, kullern, laufen‘. Nahe stehende Bildungen wie altengl. *rodor,* ‚Äther, Himmel, strahlendes Firmament‘ und altnord. *rǫðull,* ‚Sonne, Strahlenkranz‘, könnten auf die ursprüngliche Bedeutung vom ‚Rad‘ hinweisen: das Sonnenrad, das über den Himmel rollt. Sehr viel erdennaher ist unser ‚Rad‘, im Sinne von ‚Fahrrad‘, und niemand erinnert sich mehr daran, dass ‚radeln‘ und ‚Radler‘ um 1900 Ulkwörter waren, um die ‚Velozipedisten', die ‚velozipidierten', zu verulken. Heute hat man genau diese Wirkung, wenn man vom Fahrrad als dem ‚Veloziped' spricht.

radikal

kam im 16. Jh. als Lehnwort von lat. *radicalis,* ‚an die Wurzel gehend, von Grund auf gründlich', aus lat. *radix,* ‚Wurzel' – die übrigens unser ‚Radieschen' ergeben hat – ins Deutsche. Unter dem Einfluss von engl. *radical* erhielt ‚radikal' im 19. Jh. eine stark politische Note und die Bedeutung ‚politisch, ideologisch, extrem, linksradikal, rechtsradikal'. Radikalismus ist unnachgiebig-rücksichtsloses Denken und Handeln, politisch ist dabei die Umstürzung der bestehenden Ordnung das Ziel.

raffen

Diese Form des Verbs bestand bereits im Mhd. neben *reffen* mit der Bedeutung ‚zupfen, raufen, gierig an sich reißen', möglicherweise sogar noch ‚schneiden und trennen'. Wie niederl. *rapen,* das noch ‚einsammeln' beisteuert, geht es aus der germ. Wurzel **hrap* hervor. Auch heute hat ‚raffen' verschiedene Bedeutungen, wenn auch nicht mehr ganz dieselben. ‚Gardinen raffen' heißt z.B. Stoff locker zusammenschieben, ‚den Rock raffen' den Saum hochheben, ‚ein Vermögen zusammenraffen' aus Habgier reich werden, ‚nur die nötigsten Dinge zusammenraffen' die Dinge hastig ergreifen, ‚sich aufraffen' sich dazubringen, etwas (Unangenehmes) zu tun, ‚hinwegraffen' wird feierlich, verhüllend für ‚sterben' gebraucht. In der Schülersprache scheint die neueste Bedeutung entstanden zu sein: ‚Das raff ich/das raff ich nicht' für ‚das hab ich verstanden/nicht verstanden'.

Rakete

Ausgerechnet der Spinnrocken, der Stab, um den die zu verspinnenden Fasern geschlungen werden, hat das Wort für Rakete, nicht nur als Feuerwerkskörper, sondern als gefährliche Kriegswaffe und Mittel zur Erforschung des Weltraums ergeben. It. *rocchetta,* sogar noch als Verkleinerung durch die Endung *-etta* von *rocca,* ‚Spinnrocken' – ‚kleiner Spinnrocken, also', war ein Lehnwort aus germ. **rukka,* das möglicherweise bereits in der Völkerwanderungszeit ins Oberitalienische übernommen worden war. Im Ahd. hieß es *rocko,* im Mhd. *rocke.* Natürlich war es nicht die friedliche Tätigkeit des Spinnens, die den Bezug zur Rakete schuf, sondern die zylindrische Form der beiden Gegenstände! Dasselbe wiederholte sich übrigens im Französischen: Ebenfalls wegen der ähnlichen Form wird frz. *fuseau,* ‚Spindel', zu *fusée,* ‚Rakete'. Im 16. Jh. kam das it. Lehnwort *rocchette* nun seinerseits als Lehnwort ‚Rogettezeug, Rogette', später ‚Rogeten' wieder ins Deutsche zurück.

randalieren

‚Lärmen, Krach machen, Johlen' zusammen mit Belästigung und Sachbeschädigung kennzeichnen das Verhalten sehr zorniger oder nicht mehr nüchterner Menschen, vielleicht auch ein Gemisch aus beiden. Meist randalieren jüngere Leute – das Wort stammt denn auch aus der Studentensprache von der Mitte des 19. Jh. Grundwort ist das seither verschwundene Randal, das in letzter Zeit in der Wendung ‚Randale machen' für ‚randalieren' zum Zuge gekommen ist, eine Zusammensetzung aus oberdt. ‚Rand', ‚Spaß, Lärm, Tumult' und ‚Skandal', ‚Ärgernis, Aufsehen' (vgl. Skandal).

rechnen

Ahd. *rehhanon,* ‚ordnen, lenken', mhd. *rechenen,* ‚zählen, berechnen, Rechenschaft ablegen', niederl. *rekenen,* ‚einrichten, herrichten, rechnen, berechnen', engl. *to reckon,* ‚rechnen', kommen alle von einem aus dem Hochdeutschen verschwundenen Adjektiv **rekna,* ‚gerichtet'. Ihm am nächsten kommt mittelniederl. *reken,* ‚ordentlich, genau, richtig beschaffen', das letztlich auf die indoeurop. Wurzel **reg,* ‚aufrichten, recken, geraderichten' zurückgeht. ‚Rechnen' bedeutete also ursprünglich ‚ausrichten, geraderichten, ordnen, in Ordnung bringen'.

Recorder

aus engl. *recorder,* ‚Aufzeichnungsgerät', z.B. für Ton- oder Videoband, geht über mittelfrz. *recorder,* ‚ins Gedächtnis bringen', auf lat. *recordari,* ‚sich erinnern', zurück. Wortwörtlich heißt *recordari,* aus der lat. Vorsilbe *re,* ‚wieder', und *cor, cordis,* ‚Herz, Geist, Verstand', ‚zurückherzen', d.h. in ‚Herz, Geist, Verstand zurückrufen, wieder aufleben lassen' (vgl. Rekord).

Rekord

‚Aufzeichnung, Urkunde'. ‚Einen Rekord aufstellen' bedeutet eine sportliche Spitzenleistung erbringen. Das Lehnwort aus engl. *record,* eine Ableitung vom Verb *to record,* ‚schriftlich festhalten, aufzeichnen, berichten über', kam im 19. Jh. ins Deutsche. Auf den Sport bezogen ist der Rekord erst die urkundliche Bestätigung einer sportlichen Leistung, dann die Hochleistung selber (vgl. Recorder).

Restaurant

ist im 19. Jh. aus dem Französischen übernommen worden, während das dazugehörige Verb *restaurer,* aus lat. *restaurare,* ‚wiederherstellen', bereits im 16. Jh. als ‚restaurieren' ins Deutsche gekommen ist. Im Zusammenhang mit Gebäuden, Gemälden oder sonstigen Kunstgegenständen bedeutet ‚restaurieren' ‚in den alten Zustand zurückversetzen, wiederherstellen, ausbessern'. ‚Restaurant' ist das Substantiv aus dem Partizip Präsenz ‚das in den alten Zustand Zurückversetzende, Wiederherstellende'. Gemeint sind natürlich die Speisen und Getränke, die die Lebensgeister restaurieren, die körperlichen Kräfte wiederherstellen und den Menschen in den vorherigen, wohlgenährten Zustand zurückversetzen sollen. Der Renner in den ersten Restaurants war eine Fleischbrühe, eine Bouillon, als kräftigende Zwischenmahlzeit. Restaurant war also erst das, was angeboten wurde, um die Gäste zu erquicken (vgl. Quecksilber, keck), und erst später das Lokal, worin dieser Restaurationsprozess stattfand.

Rosenmontag

Der Montag vor dem Fastnachtsdienstag hat nichts mit der edlen, duftenden Blume, der Rose, zu tun, die ursprünglich wohl aus altpersisch **urda* hervorgegangen und über griech. *rhodon,* lat. *rosa,* ahd. *rosa* und mhd. *rose* ins Deutsche gekommen ist. Hinter dem ersten der drei tollen Tage steht köln. *rose,* eigentlich ‚rasen', ‚ausgelassen sein, tollen, toben'; der Rosenmontag ist in Wirklichkeit der ‚rosen(d) Montag', der ‚rasende Montag'.

Rutsch

Zum Neujahr wünscht man sich gegenseitig ‚guten Rutsch!'. Mancher denkt dabei an ein vergnügtes, problemloses Hinüberrutschen, wie auf einer Riesenrutschbahn, ins neue Jahr. Mit dt. ‚rutschen', älter *rütschen,* spätmhd. *rutzen,* ‚gleiten, ausgleiten', hat die Wendung jedoch nichts zu tun, sondern mit hebr. *rosch,* ‚Anfang'. ‚Guten Rosch!' ruft man sich zum jüdischen Neujahr, *Rosch Haschana,* zu.

sabotieren

heißt ‚planmäßig hintertreiben, vereiteln'. Sabotage ist die vorsätzliche Zerstörung militärischer oder wirtschaftlicher Einrichtungen, ‚der Flugzeugabsturz geht auf Sabotage zurück'. Das Lehnwort kam im 20. Jh. aus dem Französischen ins Deutsche und hängt mit frz. *sabot,* ‚Holzschuh, Holzpantine', zusammen. *Saboter,* das Verb dazu, bedeutete ursprünglich ‚in Holzschuhen herumtrampeln, nachlässig, derb latschen' und im übertragenen Sinn ‚nachlässig, schlecht arbeiten, schludern, pfuschen'. Der derbe Holzschuh dürfte auch als Hemmschuh gewirkt haben, der dafür sorgte, dass die Arbeit nicht vorankommt.

Sache

wird heute ganz allgemein, wie ‚Ding, Gegenstand, Angelegenheit', gebraucht – im Mittelalter war der Rechtsstreit vor Gericht, die Sache, worüber sich zwei Parteien zerstritten, damit gemeint. Interessant ist, dass ‚Ding' ursprünglich *Thing,* das germ. Gericht bedeutete. Germ. *þinga-z* war die Volksversammlung, wozu das Gericht gehörte (vgl. Dienstag). Damit lief im Deutschen eine parallele Entwicklung zu frz. *chose,* ‚Ding, Sache', dem lat. *causa,* ‚Rechtsstreit, Rechtssache', zugrunde liegt. Ahd. *sahha,* mhd. *sache,* ‚Rechtsstreit, Ursache', niederl. *zaak,* ‚Sache, Angelegenheit, Handlung', engl. *sake* (nur noch in Verbindungen wie z.B. *‚for goodness' sake,* ‚um Himmels willen'), schwed. *sak,* ‚Ding, Rechtsangelegenheit', gehen auf das bereits im Mhd. untergegangene ahd. Verb *sahhan* zurück. *Sahhan* umfasst den ganzen Werdegang eines Rechtsstreits: ‚schelten, streiten, prozessieren'.

Sage

die Sage des klassischen Altertums, König Artus und die Tafelrunde, die germanischen Heldensagen – ahd. *saga,* mhd.

sage, altnord. *saga* (besonders für die isländischen Prosatexte des 11. bis 14. Jh.) – ist im Grunde nichts anderes als das Substantiv zum Verb *sagen,* ursprünglich ‚das Gesagte'. Damit ist eine Erzählung historischen Inhalts gemeint oder, ganz allgemein, die Kunde von Ereignissen der Vergangenheit.

sagen

ahd. *sagen,* mhd. *sagen,* niederl. *zeggen,* engl. *to say,* schwed. *säga* aus germ. **sagæ,* ‚sagen', ist verwandt mit lat. *inquit,* ‚erzählen, bezeichnen', besonders deutlich bei *inseque,* ‚sag an!, Erzähl!', griech. *enépo,* ‚ich sage an, erzähle, verkündige', aber auch litauisch *sakyti,* ‚sagen, erzählen', oder altruss. *sociti,* ‚anzeigen'. Alle diese Wörter sind aus der indoeurop. Wurzel **sek^{w},* ‚bemerken, sehen', entstanden, die auch ‚folgen' bedeutet. Die Bedeutungen liegen aber nicht so weit auseinander, wie man meinen möchte: Wenn man der Reihe nach, eins das andere folgen lassend, sagt, was man gesehen hat, ist man schon mitten im Erzählen.

Sammelsurium

Was sich so zufällig auf dem Boden der Schultasche ansammelt, Stifte, Schlüssel, Bonbons, Anspitzer, Münzen, Kaugummi und Liebesbriefchen, heißt eigentlich nach dem niederdt. Gericht, *Sammelsur,* das zum Scherz die lat. Endung, *-ium,* angehängt bekam. Das wirkt pompös und somit komisch, weil es sich um ein sehr bescheidenes Rezept handelt: Die Speisereste der letzten paar Tage werden in einer sauren (sur) Soße aufgewärmt.

Samstag

In Süd- und Westdeutschland ist ‚Samstag' für den letzten Wochentag gebräuchlicher als im Norden und Osten. Da heißt es eher ‚Sonnabend', eigentlich einfach ‚Abend vor dem

Sonntag'. Beide Bezeichnungen sind gleich richtig, ‚Samstag' ist jedoch das interessantere Wort. Es geht auf hebr. *Sabbat* zurück, für den jüdischen Ruhetag, laut Bibel der siebte Tag, an dem Gott selbst von der Erschaffung der Welt und allem, was darin ist, ruhte. Über griech. *sabbaton,* lat. *sabbatum,* ahd. *sabaztac* und mhd. *sameztac* fand es schließlich unsere heutige Form, ‚Samstag'.

Sauna

‚Dampf-, Heißluftbad', ist eins der wenigen Wörter, die aus dem Finn. ins Deutsche entlehnt worden sind. Finn. *Sauna* bedeutet eigentlich ‚Schwitzbad'.

Schach

Seit rund 1000 Jahren wird in Europa Schach gespielt – das königliche Spiel ist jedoch viel älter. Es stammt aus Indien, und die Araber, die die Vermittler machten, haben es in Persien kennen gelernt. Es ist nach der Hauptfigur, dem König, persisch *šah* genannt. Ehemals war der Titel des iranischen Herrschers ‚Shah'. Spiel und Bezeichnung sind in viele europ. Sprachen übernommen worden: engl. *chess,* frz. *échec,* it. *sacco,* span. *jaque,* russ. *šach.* Der Triumphruf, wenn der gegnerische König geschlagen ist, ‚Schach matt', mhd. *‚schach unde mat',* wird heute gern als ‚müde, matt, erschöpft' verstanden. Das persisch-ar. *šah matt,* heißt aber eigentlich ‚der König ist tot'.

Schatz

ist seit dem 15. Jh. ein Kosename. Wer nun aber Freund oder Freundin damit belegt, tut für einmal gut daran, die Etymologie des Wortes zu vergessen. Ahd. *scaz* bedeutet ‚Münze, Geld, Reichtum', mhd. *scha(t)z* fügt ‚Edelmetall, Tribut, Steuer' hinzu, altfries. *Sket* und russ. *skot,* ‚Vieh', also Kühe, Schafe, Ochsen,

Ziegen, natürlich als Beweis von Reichtum. Aber wenn man mit seinem Schatz spricht, will man weder von all dem Materiellen erschlagen werden, noch braucht man das ganze Viehzeug im Hinterkopf. Beides ist der Romantik abträglich.

Schmetterling

lässt sich zum ersten Mal um 1500 in Sachsen als Schmetterlinck nachweisen. Von da wurde das Wort Mitte des 18. Jh. in die Schriftsprache übernommen. Eigentlich ist der Schmetterling ebenso eine ‚Butterfliege' wie sein englisches Gegenstück *butterfly,* denn er nascht genauso gern an Butter oder an Milchrahm, dem aus tschech. *smetana* entlehnten ‚Schmetten', der dem Falter zum Namen verhalf. Eigentlich bedeutet ‚Schmetter-ling' durch die Endung ‚-ing' ‚zum Rahm gehörig'. Die Beobachtung, dass sich Schmetterlinge gern um Milchgefäße herum aufhalten, leistete dem Volksglauben Vorschub, Hexen flattern in Schmetterlings- oder eben butterfly-Gestalt um die Milchfässer herum, um Milch oder Rahm zu stehlen.

schmusen

heißt heute, ‚zärtlich sein, Liebkosungen austauschen', kann aber auch ‚sich anbiedern' heißen. Das stand wohl ursprünglich im Vordergrund, denn rotwelsch *schmußen* bedeutet ‚schwatzen', abgeleitet von ‚Schmus', ‚leeres Gerede, Geschwätz, Schöntun, Schmeichelei', das auf jidd. *schmues/schmuos* aus hebr. *semua,* ‚Gerücht, Gehörtes', zurückgeht.

Schule

Ahd. *scuola,* mhd. *schuol(e),* niederl. und engl. *school,* frz. *école,* it. *scuola,* ir. *scoil* gehen auf lat. *schola* und griech. *scholé* zurück, was ursprünglich, man höre und staune, ‚Ort der Muße, Ruhe, Innehalten in der Arbeit' bedeutete. Man erzähle das einmal den Abiturienten! Aber erstens: Man darf nicht vergessen, dass ‚Muße', ahd. *muoza,* mhd. *muoze* neben ‚Untätigkeit, freie Zeit; Ruhe' auch ‚Gelegenheit, Möglichkeit' hieß und die bietet die Schule, gestern und heute. Zweitens gehörte der Unterricht natürlich auch in den Mittelpunkt. *Scholé* deckt auch ‚gelehrte Unterhaltung, Vortrag, wissenschaftliche Beschäftigung' ab, nur waren die Schüler weniger Schulkinder als Erwachsene, die sich in ihrer freien Zeit bildeten. Das Wort kam früh, bereits im 6. Jh. ins Deutsche über die Klosterschulen. Im Spätlat. hatte *schola* auch einmal die Bedeutung ‚Kriegshaufen' – was vielleicht an der heutigen Realität nicht gänzlich vorbeigeht. Heute wird darunter die Institution, die Bildung vermittelt, verstanden – ‚ich muss noch zwei Jahre zur Schule', aber auch das Gebäude – ‚die kleine Schule lag ganz hinter Bäumen versteckt', der Unterricht – ‚die Schule fällt morgen aus' und die künstlerische oder wissenschaftliche Richtung, die ein Meister oder Professor begründet hat – Rembrandts Schule in der niederländischen Malerei.

September

Lat. *septem* heißt ‚sieben'. Dt. ‚September' aus lat. *mensis September,* ‚Monat September', bezeichnet jedoch den neunten Kalendermonat. Das rührt daher, dass trotz Kalenderreform (vgl. Juli) der altrömische Monatsnamen stehen blieb. Er gehört zu einem Jahr, das mit dem März begann und mit dem Februar endete. So ist der September natürlich der siebte Monat! Grundsätzlich gilt dasselbe für ‚Oktober, November, Dezember'. ‚September' lief parallel zu einheimischen ahd. *witumanot,* ‚Holzmonat', oder *herbistmanot,* ‚Herbstmonat'.

Skandal

etwas, das Anstoß und Aufsehen erregt, ein Ärgernis. Mit ‚das ist ja ein Skandal!' kann man seinem Ärger Luft machen. Das

Lehnwort kam Ende des 16. Jh. aus frz. *scandale* ins Deutsche, das seinerseits auf kirchenlat. *scandalum,* ‚Anstoß, Ärgernis', zurückgeht. Dahinter steht griech. *skándalon,* ‚Anstoß, Verführung', beeinflusst von ebenfalls griech. *skandálethron,* eigentlich das Holzstück, das angetippt die Falle zuschnappen lässt, ‚ein losschnellendes Gerät'. Auf diese Weise haben es die Kirchenväter gebraucht; *scandalum* ist der Fallstrick, den der Teufel für den Menschen ausgelegt, die Versuchungen zum Bösen. Das Adjektiv zu ‚Skandal' ist ‚skandalös' – ‚skandalöse Zustände bei der Massentierhaltung'. Eine ‚Skandalnudel' ist umgangssprachlich eine Frau (in öffentlicher Einrichtung, Zeitung, Fernsehen), die systematisch Aufsehen erregt und gezielt sämtliche Konventionen überschreitet.

Ski

eingedeutscht ‚Schi', aus norwegisch *Ski,* kam im 19. Jh. als Lehnwort ins Deutsche. Altnord. *ski* heißt ‚Scheit' und ‚Ski' bedeutet eigentlich ‚Holzscheit, Schneeschuh'. Erst waren es also gespaltene Holzstücke, die man sich unter die Füße band, um im Schnee nicht zu sehr einzusinken. Später wurde daraus das lange, schmale, gebogene Brett, damals natürlich aus Holz, womit man über den Schnee gleiten kann.

Sonntag

Griechen und Römer hatten den ersten Tag der Woche nach ihrem Sonnengott Helios bzw. Sol benannt. Das übersetzten die Germanen noch in vorchristlicher Zeit mit ahd. *sunnuntag,* ‚Tag der Sonne'. Mhd. *sunne(n)tac,* niederl. *zontag,* engl. *Sunday,* schwed. *Sondag* und unser ‚Sonntag' hielten sich an dasselbe Muster. Die romanischen Sprachen gingen einen anderen Weg. Aus dem Kirchenlateinisch übernahmen sie *dies domenicus,* ‚Tag des Herrn', was z.B. zu frz. *le dimanche* oder it. *la domenica* führte.

Strolch

Manche Forscher leiten ‚Strolch' vom ‚Astrologen', griech. *astró logos,* vom Sternkundigen her. Sterndeuter, die die Himmelskörper und ihren Einfluss auf die Menschen erforschten, waren in der Antike hoch angesehene Persönlichkeiten – man denke nur an die Heiligen Drei Könige aus der Weihnachtsgeschichte. Als Astrologen im Mittelalter ihr Wissen immer mehr zu üblen Geschäften missbrauchten, sank die Bedeutung des Wortes zum verwahrlosten Herumtreiber und Kleinkriminellen ab. Landsknechte schleppten im Dreißigjährigen Krieg *stroleg, strolch* aus Italien in Deutschland ein. Neben dem negativen Sinn hat sich der scherzhaft-liebevolle ‚kleiner Lausbub' entwickelt.

Tag

Der Tag war früher erheblich kürzer als heute. Mhd. *tac,* ahd. *tag,* engl. *day,* schwed. *dag* gehören zu germ. **daga,* ‚Tag', und zwar für die Zeit vom Sonnenauf- zum Sonnenuntergang, keine 24 Std. wie heute. ‚Tag' ist verwandt mit litauisch *dagas,* ‚Brennen, Sommerhitze, Ernte', sodass die indoeurop. Wurzel **dheg^{u}h,* ‚brennen', herangezogen werden kann: ‚Tag' bezeichnet also die Zeit, in der die Sonne brennt. Da ‚Nacht' ehemals die 24 Std. von Sonnenuntergang zu Sonnenuntergang besetzt hielt (engl. *fortnight* bedeutet ‚vierzehn Tage'), bedeutete ‚Tag' die helle, heiße Zeit zwischen der dunklen, mit Betonung auf dem Tagesanbruch. ‚Es tagt' heißt heute noch ‚es dämmert, wird hell'. Bei den Germanen wurde ‚Tag' auch kurz für den Tag, an dem das *Thing* stattfand, gebraucht (vgl. Dienstag, Sache) und später weiterhin in der Rechtssprache als ‚festgesetzter Tag, Termin – besonders Gerichtstermin'. Das gilt natürlich auch grundsätzlich für ‚Reichstag, Landtag, Bundestag'. Die Tagung ist eine Versammlung, ein Kongress, bei dem Fachleute über ein Thema diskutieren – die mehrere Tage dauern kann.

Takt

und Takt sind zwei Paar Stiefel. Das eine ist der rhythmische Schlag, der zur Gliederung eines Musikstücks – z.B. im 3/4-Takt – führt, oder den rhythmisch gegliederten Ablauf von Bewegungsphasen in der Technik bezeichnet, z.B. Zweitaktmotor. Das andere ist das Feingefühl, der Sinn für Anstand und guten Ton. Beides sind Lehnwörter aus lat. *tactus,* ‚Berühren, Berührung, Gefühl, Gefühlssinn', zu *tangere,* ‚berühren'. Alles, was etwas regelmäßig berührt, ergibt einen Takt: der Regentropfen, der auf derselben Stelle ankommt; beim La-La-La-Singen die Zungenspitze am Gaumen; beim Takt schlagen unsere Finger auf der Unterlage; und klatschen wir, sind es unsere Handflächen. Der Taktstock des Dirigenten fährt zwar nur durch die Luft, aber wir denken uns die Berührung, wir fühlen sie. Ebenso ist unser Gefühlssinn angesprochen, wenn es darum geht, auf unsere Mitmenschen einzugehen – nicht umsonst wird vom ‚Fingerspitzengefühl' gesprochen. Wie weit können wir uns vortasten ohne ihre Empfindlichkeit zu verletzen? Während der ‚Rhythmus-Takt' im 16. Jh. direkt aus dem Lateinischen im Deutschen landete, kam der ‚Gefühlstakt' erst im 18. Jh. über frz. *tact,* ‚Tastsinn, Feingefühl, Sicherheit bezüglich des guten Geschmacks', hinzu. Man merke sich: Ein Klavierspieler, der immer im Takt bleibt, braucht deswegen noch lange nicht taktvoll zu sein; eine junge Dame, die beim Tanzen beständig aus dem Takt fällt, keineswegs taktlos.

Teddybär

Im 20. Jh. ist der Bär, vor dem sich unsere Vorfahren fürchteten, zum Kuscheltier, zum Tröster bei Kummer und Ängsten geworden. ‚Teddy' ist die Verkürzung von ‚Theodor', in diesem speziellen Fall von Theodor Roosevelt, dem Präsidenten der Vereinigten Staaten von Amerika (1901–1909). Er war zwar ein begeisterter Bärenjäger, hatte aber ein Herz für Jungtiere. Eine Karikatur des in ganz Amerika bekannten Zeichners Berryman zeigt ihn, wie er ein Bärenjunges rettet. 1907, bei einer Feier im Weißen Haus bestand die Tischdekoration aus Dutzenden Plüschbären aus dem Hause Steiff; in diesem Jahr setzte die Firma 12.000 Bären ab. Seither sind sie überall als ‚Teddybären' bekannt.

Tee

kam Mitte des 17. Jh. über das Niederl. als *Thee* ins Deutsche, und zwar aus Min (den Dialekten der südchinesischen Provinz Fukien) *te(h).* Daraus wurde engl. *tea,* niederl. *thee,* frz. *thé,* span. *té,* it. *tè.* Mandarin (Hochchinesisch) *chá* hat hingegen port. *chá,* russ. *caj* und anglo-indisch *tay* ergeben.

Tempo

‚Tempolimit, ein Tempo draufhaben, Tempo 120, Tempo, Tempo', beeilt euch! – ‚Tempo' bedeutet heute im Alltag eigentlich nur noch ‚Schnelligkeit, Geschwindigkeit'. Das Fremdwort wurde aus it. *tempo,* ‚Zeit, Zeitmaß, Zeitabschnitt, Zeitpunkt, Zeitdauer, grammatikalische Zeit, Jahreszeit, Wetter', aus lat. *tempus,* ‚Zeitabschnitt, Zeitpunkt, günstige Gelegenheit, Zeitumstände, Verhältnisse', im 17. Jh. ins Deutsche entlehnt. Erst wurde Tempo im Sinne von ‚Zeitpunkt, Augenblick, Gelegenheit' gebraucht, im 18. Jh. kam ‚Zeitmaß einer Bewegung, Zeitmaß in der Musik, Rhythmus, Takt' hinzu. Über ‚schnelles Zeitmaß' sind wir bei unserem Gebrauch, siehe oben, angelangt. *Tempora mutantur!* Zu Deutsch: ‚Die Zeiten ändern sich.'

Tisch

Ahd. *tisc,* ‚Schüssel, Tisch', mhd. *tisch,* ‚Speisetafel, Tisch', niederl. *dis,* ‚Tisch', engl. *dish,* ‚Platte, Schüssel, Gericht, Speise', altnord. *diskr,* ‚Teller', sind aus lat. *discus,* ‚Wurfscheibe' – ‚Diskus' (vgl. Disko), ‚Platte, flache Schüssel', entlehnt, das seinerseits auf griech. *discos,* ‚Diskus, Platte, Teller', zurückgeht. Die Vermengung der Bezeichnungen für scheinbar grundverschiedene Dinge in den einzelnen Sprachen und den Sprachen untereinander erklärt sich daraus, dass viele alte Völker Tische in unserem Sinne gar nicht kannten. Auch die Germanen nicht. Nach dem römischen Historiker Tacitus (erstes nachchr. Jh.) bekamen sie ihre Mahlzeiten auf Einzeltischchen – eine runde, kleine Holzplatte auf einem Gestell – serviert, wobei das Brett gleichzeitig als Schüssel und Teller diente. Wie unsere Stehcafés. Nur bekamen sie die Tischchen vorgesetzt, während wir uns gewöhnlich an unsere Tische setzen bzw. uns vor sie stellen. Tisch, Schüssel und Teller konnten dann auf einmal abgetragen werden. Der Abwasch dürfte um einiges weniger kompliziert gewesen sein als heute.

Toast

bedeutet auf Englisch und Deutsch ‚geröstete Brotscheibe' und ‚Trinkspruch', *to toast,* ‚Brot rösten' und ‚einen Trinkspruch ausbringen'. Wie lässt sich das unter einen Hut bringen? Wollte man vor 300 Jahren, im England der besseren Kreise, jemanden hochleben lassen, ging das nicht ohne eine kleine Zeremonie ab. Bevor man auf die Gesundheit der Anwesenden trank – oft war es zuerst auf die hübsche, junge (Haus-)Frau, die den Becher hergebracht hatte –, wurde feierlich ein Stück Röstbrot, Toast, hineingetunkt. Mit der Zeit ging die Bezeichnung vom Brot auf den Trunk über, dann auf die Person, der zugetoastet worden war und schließlich auf die ganze Sitte und den Trinkspruch selbst. Bereits im 18. Jh. wurde Toast (engl. *toast,* ‚Röstbrot', aus dem gleichnamigen Verb ‚rösten' aus altfrz. *toster,* ‚trocken', von lat. *tostus,* ‚dürr, getrocknet') in beiden Bedeutungen ins Deutsche übernommen.

Toilette

Die Endsilbe weist dieses Lehnwort aus dem Französischen als Verkleinerung aus. Frz. *toile,* ‚Tuch', aus lat. *tela,* ‚das Gewobene, das Tuch', wird durch *-ette* zum ‚Tüchlein'. Diese Toilette bezeichnete ein leinenes Tuch zum Einschlagen des Nachtgewandes oder aber als Unterlage für Kamm, Bürste, Schminke, Duftwasser und was es sonst noch zur Haar- und Körperpflege braucht. Darauf ging Toilette auf den Vorgang des sich Schönmachens über – Frisieren, Ankleiden, Schminken, hieß nun faire sa toilette, ‚Toilette machen'. Und schließlich wurde Toilette auf die elegante Kleidung, inklusive Schmuck, übertragen zur Abendtoilette oder großen Toilette. Im 19. Jh. weitete sich die Bedeutung noch einmal und schloss das *cabinet de toilette,* das Waschräumchen mit Klo mit ein – die Toilette.

trampen

‚Wir sind durch ganz Irland getrampt' wird gern englisch *(getræmt)* ausgesprochen. Trampen ist zwar ein Lehnwort aus engl. *to tramp,* ‚trampen, im Sinne von ‚schwerfällig auftreten, zu Fuß wandern, weite Strecken gehen, umherstreifen, vagabundieren' – nur ‚per Anhalter fahren', was es im Deutschen heißt, ist nicht dabei. Trampen ist bestens Pseudo-Englisch. ‚Per Anhalter' fahren heißt auf Englisch *to hitch-hike.*

Tschüs!

Wer würde hinter diesem mindestens ein Dutzend Mal am Tag gehörten Abschiedsgruß, oft nur ein hingeschmettertes ‚tschüü', das feierliche, lat. ad Deum aus lat. *ad,* ‚zu', und *Deus,* ‚Gott', ‚zu Gott': also ‚Gott befohlen' vermuten? ‚Gott befohlen' heißt eigentlich ‚ich empfehle dich Gott' im Sinne von ‚da ich weggehe, unterstelle ich dich Gottes Schutz'. Das Mittelalter kannte im 13. Jh. bereits das aus altfrz. *àdieu* zusammengezogene *adé,* ‚ade'. ‚Ade zur guten Nacht'. Das Volkslied, manche oberdt. Mundarten, besonders in der Schweiz, haben die alte Form bewahrt. Im 17. Jh. kam es zum zweiten Mal als Lehnwort ins Deutsche, diesmal aus frz. *adieu,* und verbreitete sich allgemein bis in die Schriftsprache. Im 20. Jh. kam nun auch noch span. *adios* über niederl. *adjus* mit ins Spiel und gelangte über die Hafenstädte in allen möglichen Variationen, ‚adjus, adjes, adje, tjüs, tschüs, tschüssing, tschüssi, tschüssel, tschü' vor allem ins Nord- und Mitteldeutsche. So viel davon und damit tschüs!

Übel

Ahd. *ubil,* mhd. *übel, ubel,* niederl. *euvel* und engl. *evil* gehören zu germ. **ubila,* dessen Herkunft nicht zweifelsfrei geklärt ist. Es könnte mit ‚über, oben, auf' auf die indoeurop. Wurzel **up[o] eup,* ‚von unten an etwas heran oder hinauf' zurückgehen. Das ergibt eine Grundbedeutung von ‚über das normale Maß hinaus gehend'. Das gilt jedenfalls für den biblischen Gebrauch. ‚Übel' ist gleichbedeutend mit ‚das Böse' schlechthin. In Luthers Übersetzung des Vaterunser heißt es ‚... und erlöse uns von allem Übel'. Die moderne Version lautet ‚vom Bösen'. Abgeschwächt ist die Vorstellung ‚über das Maß hinaus' auch in unserem normalen Sprachgebrauch noch da, ‚üble Nachricht, üble Gesellschaft, üble Laune', ‚zu allem Übel ist auch noch der Computer abgestürzt', und besonders in ‚mir wird übel'. Da muss man sich über-geben.

überhaupt

gehörte einst auf den Viehmarkt. Wenn Tiere *überhoubet* verkauft wurden, bedeutet das im Mittelalter die ganze Herde, ohne dass die Häupter im Sinne von Stück einzeln nochmals nachgezählt wurden. Bis ins 17. Jh. hieß also ‚überhaupt verkaufen' nicht, dass man diese Handlung grundsätzlich vornahm, wie im heutigen Gebrauch, sondern dass pauschal verkauft wurde. Obwohl sich das Wort schon längst aus dem Viehhandel verselbstständigt hat, ist ihm das verallgemeinernde Element geblieben. ‚Die Party war überhaupt langweilig' – sie hat aufs Ganze gesehen, alles in allem, keinen Spaß gemacht. ‚Die Party war überhaupt nicht langweilig' heißt vollumfänglich, ganz und gar nicht öde.

Uhr

heißt sowohl der tickende Stundenmesser als auch die Stunde selber. ‚Können Sie mir sagen, wie viel Uhr es ist?'. Logischer wäre ,die wievielte Stunde', aber das sagt kein Mensch. Griech. *hora* wurde im Sinne von ,Jahreszeit, Tageszeit, Stunde' gebraucht, lat. *hora* fügte noch ,Zeit' hinzu. *Hora* wurde altfrz. zu *(h)ore,* frz. zu *heure,* it. zu *ora,* span. zu *hora.* Altfrz. seinerseits ergab engl. *hour,* niederl. *uur,* mhd. *ur, ure.* Diese beiden Formen liefen neben der direkt aus dem Lat. entlehnten *(h)ore* her; erst Ende des 16. Jh. setzte sich nhd. *Ure, Uhre* durch. Seit dem 15. Jh. wurde *Or, Ur,* ,Uhr', auch auf ,Zeitmesser, Uhrwerk' bezogen. Daneben bestand solch eine prächtige Verbindung wie die *orglucke,* die ,Uhrglocke', von 1405, die offensichtlich mechanisch die Stunde schlug.

Unfug

wird heute meist im Sinn von ,Unsinn, dummes Zeug' gebraucht. ,Red keinen Unfug.' ,Die Kinder haben nur Unfug im Kopf.' Die Vorsilbe ,un-' bedeutet ,nicht' und schafft Gegenwörter: ,freundlich – unfreundlich', ,Recht – Unrecht'. Dasselbe geschieht hier mit ,Fug', das es allerdings nur noch in der Wendung ,mit Fug und Recht', ,mit vollem Recht' gibt. ,Fug', mhd. *vuog,* kommt von ,fügen', ahd. *fuogen,* mhd. *vüegen,* ,verbinden, ineinander passen, sich anpassen, sich in etwas schicken'. ,Fug' ist demnach ursprünglich das, was sich in die bestehende Ordnung und Sitte einpasst; ,Unfug' das, was sich nicht einpasst, sich nicht schickt, das Unschickliche, das, was nicht erlaubt ist. Die Verbindung ,grober Unfug' kommt dieser ursprünglichen Bedeutung am nächsten mit ,ordnungswidriges Verhalten, Belästigung der Allgemeinheit, Störung der öffentlichen Ordnung'. – ,Ohne Helm Moped fahren ist grober Unfug.'

unheimlich

müsste eigentlich ,offen, ohne Geheimnisse' heißen – tut es aber nicht, denn es ist sehr nahe an der ursprünglichen Bedeutung von ‚heimlich', ‚zum Haus gehörig' geblieben. Was nicht zum Heim, Haus gehört, ist fremd, unvertraut und flößt daher Unbehagen, Angst oder sogar Grauen ein. ‚Eine unheimliche Erscheinung.' Seit dem 19. Jh. ist ‚unheimlich' als Adjektiv zum reinen Steigerungspartikel verflacht, ‚unheimlich gut, unheimlich teuer'.

Verdacht

mhd. *vordacht,* ‚Argwohn', geht auf das alte Verb ‚verdenken, schlecht denken, Übles von jemandem denken, schlimme Vermutungen haben' zurück. Gebräuchlich ist das Verb noch im Sinne von übel nehmen/nicht übel nehmen: ‚Keiner könnte es dir verdenken, wenn du bei diesen schrecklichen Verwandten ausziehen würdest.' Verdächtig, mhd. *verdæchtige,* bedeutete ursprünglich ‚überlegt, durchdacht, vorausdenkend' und erlangte erst im Laufe der Zeit den Sinn von ‚argwöhnisch'. Sie war verdächtig hieß also ‚einen Verdacht haben', nicht wie heute ‚zu Verdacht Anlass geben', ‚ein verdächtiges Verhalten, das klingt aber verdächtig'.

Vergnügen

war im Mittelalter entschieden keines: Die Bedeutung war ‚Bezahlung'. Mhd. *vergenüegen,* aus ahd. *ginuog,* mhd. *genuoc,* ‚ausreichend, zufriedenstellend', hatte mit unserer Genugtuung zu tun – ‚Genugtuung leisten, zahlen, entschädigen'. Ein solcher Geldbetrag, eine solche Bezahlung, war fällig, wenn man Recht, Leib und Leben eines anderen geschädigt, verletzt hatte oder Schulden gutzumachen waren. ‚Jemanden vergnügen' hieß also ‚jemanden zufrieden stellen'. War das getan, dann war der Betreffende zufrieden, war fröhlich gestimmt, heiter, sodass das Verb vergnügen über ‚jemandem eine Freude machen' im Laufe des 17. Jh. langsam zu unserer Bedeutung fand. Allerdings wird ‚vergnügen' gewöhnlich rückbezüglich gebraucht, ‚sich vergnügen' im Sinne von ‚sich amüsieren'. Das Substantiv ging einen ähnlichen Weg. Zum heutigen ‚Spaß, Freude, Belustigung, angenehmer Zeitvertreib' wurde es über ‚innere Befriedigung', was z.B. noch in der Formel anklingt: ‚Es ist uns ein Vergnügen, die Hochzeit unserer Kinder anzuzeigen.'

Video

aus lat. *videre,* ‚sehen, wahrnehmen, erblicken, anschauen' ist in der zweiten Hälfte des 20. Jh. aus dem amer. Englisch übernommen worden. An sich ist es die Kurzform von ‚Videofilm, -band, -gerät, -kassette (vgl. Kassette), -recorder (vgl. Recorder), -clip usw.' ‚Video' hat sich in der Umgangssprache aber eindeutig für ‚Videofilm' eingebürgert, ‚lass mich doch schnell das Video zu Ende sehen'. Eigentlich heißt *video* als Verbform ‚ich sehe'.

Wand

gehört zum Verb ‚winden', ahd. *wintan,* mhd. *winden,* ‚drehen, winden, flechten', und bedeutet demnach eigentlich ‚das Gewundene, Geflochtene'. Die Häuser des gewöhnlichen Volkes bestanden bis in die Neuzeit eben aus Flecht- und Fachwerk (vgl. Fach). Dazu wurden biegsame Stöcke und Ruten ineinander verflochten und dann mit Lehm verschmiert. Altnord. *vondr* bezeichnete ‚Zweig, Stock, Rute' und engl. *wand* bedeutet heute noch ‚Zauberstab'. Die nach röm. Vorbild aus Stein errichtete Wand ist die ‚Mauer'.

Wanze

Abgesehen von der Abhörwanze in jedem Krimi und umgangssprachlich ‚Wanze' für ‚Reißzwecke' kommen wir wohl weit weniger mit Wanzen in Berührung als die Menschen im Mittelalter, als das Insekt noch ahd. und mhd. *wantlus,* ‚Wandlaus', hieß. ‚Wanze' ist einfach die zusammengezogene Form von *wantlus.*

Wasser

eigentlich ‚das Feuchte, Fließende', geht auf mhd. *wazzer,* ahd. *wazzar,* got. *wato* zurück und teilt germ. **watar* mit engl. und niederl. *water* und schwed. *vatter.* Mit den verwandten Wörtern, hethitisch *watar,* altind. *udán,* griech. *hydro,* (alt)ir. *uisce* und russ. *voda* gehört es zu indoeurop. **uédor, *uodor,* ‚Wasser'. Übrigens, hierher passen auch ‚Whiskey' und ‚Wodka'. ‚Whiskey' ist entstanden aus *uisce beatha,* ‚Wasser des Lebens', und ‚Vodka' ist die Verkleinerung von *voda,* ‚Wässerchen'. In *uédor, uodor* steckt die indoeurop. Wurzel **au, *a,* ‚benetzen, befeuchten, fließen', die sich in altind. *undati,* ‚quellen, benetzen', lat. *unda,* ‚Woge', frz. *onde,* it. *unda* sowie in ‚ondulieren', ‚Haare in Wellen legen' wiederfindet und auch, obwohl nicht mehr ohne weiteres erkennbar, in ‚Auerochse, Otter' und dem Verb ‚waschen'.

Weiher

Das lat. Grundwort enthält das Programm, wie der Weiher sein sollte und leider oft wegen Wasserverschmutzung nicht mehr ist: *vivus,* ‚lebend, lebendig'. Das Substantiv, das dazugehört, ist *vivarium,* ‚Behälter, Gehege für lebende Tiere', in diesem Fall Fische. Daraus wurde ahd. *wiwari,* mhd. *wiwære, wiwer, wiher* und schließlich nhd. ‚Weiher, Fischteich'.

Weihnachten

oder Weihnacht? Nach dem neuen *Duden* gilt beides. Die Einzahl ‚Weihnacht' für das Christfest gibt es erst seit dem 18. Jh. Mhd. *wienacht* besteht aus ahd. *wih,* ‚geheiligt, geweiht', und *naht,* aus lat. *nox, noctis,* und bedeutet ‚heilige Nacht', wie wir es vom Weihnachtslied ‚Stille Nacht, heilige Nacht' kennen, die Nacht von Christi Geburt. Warum steht auf den Glückwunschkarten ‚Fröhliche Weihnachten'? Warum nicht ‚Weihnächte', da der Plural Akkusativ von ‚Nacht' ‚Nächte' ist? Hier handelt es
sich eben um einen alten Dativ Plural – mhd. *ze den wihen nahten,* ‚an, in den heiligen Nächten', was nhd. ‚Weihnachten' ergeben hat. Diese heiligen Nächte bezogen sich auf den bereits vorchristlich als heilig empfundenen Zeitabschnitt um den 21. Dezember, den kürzesten Tag und die längste Nacht des Jahres. Denn danach nimmt das Wärme und Leben spendende Sonnenlicht wieder zu.

wetten

ahd. *wetton,* mhd. *wetten,* bedeutet, wie heute, ‚eine Wette abschließen', dazu aber noch ‚ein Pfand einsetzen, ein Versprechen geben'. Worauf das hinaus will, macht das Englische deutlich. Altengl. *weddian* hieß ‚einen Vertrag machen, versprechen, verheiraten'. Bis heute heißt *‚to wed'* ‚heiraten, verheiraten' – *wedding* ist das Hochzeitsfest. Got. *gawadjon* bedeutete überdies ‚verloben', und zwar vor Bürgen. Wie die Pfänder auf der materiellen Seite hatten sie als Sicherheit zu gelten, dass die Hochzeit zustande kam. Ging alles schief, so gibt es auch noch die mhd./mittelniederl. Bedeutung von *wedden:* ‚Strafgeld zahlen.'

Witz

ahd. *wizzi,* ‚Wissen, Vernunft, Verstand, Weisheit', mhd. *witz(e),* ‚Wissen, Klugheit, Mutterwitz, Schlauheit', ist ursprünglich nichts anderes als das Substantiv zum Verb ‚wissen' und gehört zusammen mit engl. *wit,* schwed. *vett,* altind. *vidya* zur indoeurop. Wurzel **ueid,* ‚erblicken, sehen'. ‚Wissen' kommt als Bedeutung dazu, weil man das Gesehene weiß. Im 17. Jh. färbten frz. *esprit,* ‚geistvoll, brillianter Einfall', und engl. *wit,* ‚Geist, Witz', darauf ab, sodass nun auch der ‚geistreiche Spaß, die humorvolle Pointe' damit gemeint war. Heute wird ‚Witz' gern einfach im Sinne von ‚Scherz' gebraucht, ‚er hat das nur aus Witz gesagt' oder sogar für etwas, das man bezweifelt – ‚Mach keine Witze!'. Ein ‚Witzbold' war übrigens ursprünglich ein altkluges Kind, dann ein unverbesserlicher Besserwisser und schließlich ein Spötter, Spaßmacher. Die Endung ‚-bold' kommt von Eigennamen wie ‚Leopold', wurde dann aber nur benutzt, um dem Substantiv eine abschätzige Note zu geben – ‚Raufbold'.

Wort

Das gemeingerm. Substantiv, ahd. und mhd. *wort,* engl. *word,* niederl. *woord,* schwed. *ord,* geht auf germ. **wurda,* ‚Wort', zurück. Zusammen mit lat. *verbum,* ‚Wort, Ausdruck, Rede', aus dem im 16. Jh. das Verb, das Zeitwort wurde, und litauisch *vardas,* ‚Name, Titel', gehört das Wort zu indoeurop. **uerdho,* ‚Wort', und der indoeurop. Wurzel **uer,* ‚feierlich sagen, sprechen'. Ursprünglich bedeutet das Wort ‚Wort' also ‚das feierlich

Gesagte, Gesprochene‘. In diesem Sinne wird es noch in der Wendung ‚sein Wort halten, sein Wort brechen‘ gebraucht. Im Ahd. gab es keinen Plural für Wort. Im Mhd. entstanden dafür gleich zwei: ‚Wörter‘, heute für die Einzelwörter, die Vokabeln – ‚Unterstreichen Sie die wichtigsten Wörter im Text!‘ – und ‚Worte‘, heute für zusammenhängende, oft gewichtige Äußerungen – ‚Der Pfarrer sprach ergreifende Worte am Grab‘. Sehr interessant wirkt sich das im gleichen Satz aus: ‚Ihr fehlten die Wörter‘ bedeutet ‚Sie konnte sich nicht ausdrücken.‘ ‚Ihr fehlten die Worte‘ bedeutet ‚Sie war sprachlos, überwältigt‘.

x-beliebig

wird in der Bedeutung ‚irgendeiner, gleichgültig wer' gebraucht – ‚Ich will nicht, dass hier jeder x-Beliebige durchlatschen kann!'. Das x dient zur Verstärkung von beliebig. Es ist seit der zweiten Hälfte des 19. Jh. im Gebrauch. Fast 250 Jahre zuvor hatte der frz. Philosoph und Mathematiker René Descartes (*Cogito ergo sum* – ich denke also bin ich) x als Zeichen für eine unbekannte mathematische Größe bzw. die ganze Reihe, xyz, eingesetzt. Er standardisierte damit ein für allemal die Unbekannte. Arabische Gelehrte hatten sie mit ar. *šai,* ‚Sache, Ding', bezeichnet und die Italiener benutzten noch ein eigenes Kürzel dafür. Auch im Alltag wird dieses x eingesetzt ‚da kann ich noch x (oder x-zig) Jahre warten, bis das Geld ausbezahlt wird'. ‚Ich habe dir schon x-mal gesagt, ich mag keine Raucher.' Die ‚X-Strahlen' waren für ihren Entdecker, W.C. Röntgen, anfangs auch unbekannte, x-beliebige Strahlen!

Yoga

wurde in den zwanziger und dreißiger Jahren aus engl. *yoga* ins Deutsche entlehnt und ist seither auch zu ‚Joga' eingedeutscht worden. ‚Yoga' kommt von altind. *yóga,* eigentlich ‚das Unter-dem-Joch-Sein, das Angeschirrt-sein', im übertragenen Sinne ‚Meditation'. Nach der indischen Philosophie ist der Mensch an seine Körperlichkeit und dadurch ans Rad der ewigen Wiedergeburt gefesselt. Befreiung bringen körperliche Übungen, Askese und eben Meditation. Wenn wir hier im Westen Yoga-Übungen, z.B. in Volkshochschulkursen, erlernen, so sollen sie uns hauptsächlich zur Entspannung und besseren Konzentration verhelfen.

Zahl

und Erzählung, zwei für uns völlig verschiedene Begriffe, hängen von ihrer Geschichte her ganz eng zusammen. Sie sind aus der indoeurop. Wurzel **dela,* ‚spalten, einkerben', hervorgegangen. Das germ. **tala* wurde ahd. zu *zala* und mhd. zu *zal.* Seit frühester Zeit bis ins 18. Jh. hinein waren als Gedächtnisstütze sogenannte ‚Kerbhölzer' allgemein im Gebrauch. Das waren Holzstäbe oder Brettchen, auf denen durch Einschnitte die Anzahl gelieferter Warenteile, geschuldeter Geldstücke oder erbrachter Leistungen vermerkt wurden. Mit diesen Kerben ließ sich zählen und rechnen – ein solches Merkzeichen war also ursprünglich mit ‚Zahl' gemeint. Naturgemäß wurden solche Aufzeichnungen besprochen, es wurde darüber berichtet, sie gaben Anlass zum Erzählen. Auf diese Weise nahm ‚Zahl' die Bedeutung ‚Erzählung' an. Das Parallelwort zu ‚Zahl', engl. *tale,* hat sich auf die jüngere Bedeutung, ‚Erzählung, Märchen', spezialisiert. Aus ‚Zahl' sind auch die beiden Verben ‚zahlen' und ‚zählen' entstanden.

zahlen

ahd. *zalon,* mhd. *zaln,* abgeleitet von ‚Zahl' bedeutete damals in erster Linie ‚zählen, berechnen' und in zweiter ‚berichten, erzählen' (vgl. Zahl). Erst im 16. Jh. stieß die heute allgemein übliche Bedeutung von ‚bezahlen' dazu. Die engl. Entsprechung *to talk,* ‚reden, sprechen', hat die rechnerische Seite fallen gelassen.

zählen

kommt von ‚Zahl'. Ahd. *zellen* und mhd. *zelen* decken noch die ganze Breite ab von ‚Zahlen aufsagen' bis ‚etwas mündlich mitteilen'. Im Nhd. sind durch die Vorsilbe ‚er-' beide Seiten klar getrennt. ‚Zählen' gilt nun nur noch für Zahlen, ‚erzählen' für Geschichten.

Zensur

die im Sinne von Note im Leben aller Schüler und Schülerinnen eine solche Rolle spielt, ist ein einfaches Lehnwort aus lat. *censura,* ‚Prüfung, Beurteilung', abgeleitet von lat. *censere,* ‚schätzen, prüfen'.

Zirkus

aus lat. *circus,* ‚Kreis, Ring', kam zweimal in zwei verschiedenen Bedeutungen ins Deutsche. Seit dem 16. Jh. wurde ‚Zirkus' im römischen Sinne von ‚Arena oder Rennbahn' weiter benutzt. Zweihundert Jahre später hatten Engländer und Franzosen den Zirkus geschaffen, so wie wir ihn heute kennen – unter einem runden Zelt, mit ansteigenden Sitzreihen und Vorstellungen von Clowns und abgerichteten Tieren. Die neue Bedeutung kam über engl. *circus* und frz. *cirque* (die natürlich auch von lat. *circus* abstammen) gleich mit und verdrängte die alte. Niemand würde heute eine Rennbahn mit ‚Zirkus' bezeichnen.

Zweck

ist mit ‚Zweig' verwandt und bedeutet ursprünglich ebenfalls ‚Astgabelung'. Ahd. *zwec, zwecki* bezeichnete einen Holzpflock oder Eisennagel – wir kennen noch die ‚Reißzwecke'. Vom 15. Jh. an war damit der Befestigungsnagel mitten in einer Zielscheibe gemeint. Armbrust- oder Büchsenschützen zielten darauf, und trafen sie ihn, so ging nach unserem Sprachgebrauch der Schuss ins Schwarze. Kein Wunder, dass Zweck die Bedeutung ‚Ziel, Absicht, Sinn' übertragen bekam. Noch heute ist das so, auch wenn der Holzpflock samt Schützen längst vergessen ist.

Zweifel

ahd. *zwifal,* mhd. *zwivel,* besteht aus zwei Silben. In der ersten steckt die ‚Zwei', in der zweiten ein Wort aus der indoeurop. Wurzel **pel* für ‚falten'. ‚Zweifel' bedeutet also ‚doppelt gefaltet oder zwiespältig', ist der Zustand, in dem man sich fragt, ob das eine oder das andere richtig sei.

Zweig

geht auf die indoeurop. Wurzel **dueigho, *duigho* zurück. Aus germ. **twiga* wird ahd. zwig und mhd. zwic. Das Wort hängt mit der Zahl Zwei zusammen – ‚Zweig' bedeutet wörtlich ‚der aus zwei bestehende'. Gemeint ist, ähnlich wie bei ‚Zweck', ein gegabelter Ast, hier im Sinne von Seitentrieb.

Zwetschge, Zwetsche

landschaftlich ‚Quetsche, Quetsch'. Die Griechen nannten das blaue Steinobst *Damaskéna,* ‚Frucht aus Damaskus', weil der Baum ursprünglich von Syrien stammte. Die Römer erbten sie als *damascena,* was in der ‚Damaszenerpflaume' noch besteht. Als *Twetschen* erschienen die Früchte im Mhd. und seither haben sie den Anlautwechsel von ‚tw' zu ‚qu' oder ‚tw' zu ‚zw' je nach Region mitgemacht oder auch nicht (vgl. quer, keck). Aber ob elsässischer ‚Quetschküeche, Zwetschen-, oder Zwetschgenkuchen' – das saftig-duftende Gebäck gehört überall zu den Freuden des Spätsommers.

Zwieback

ist eine Lehnübersetzung aus dem 17. Jh. von it. *biscotto,* frz. *biscuit.* Beides geht auf lat. *bis cotum,* ‚das zweimal Gebackene', zurück. Zwieback kommt tatsächlich zweimal in den Ofen: Er besteht aus Weißbrot, das knusprig geröstet wird.

Nachwort der Autorin

Die Etymologie ist die Lehre von der Herkunft, der sprachgeschichtlichen Entwicklung und den Verwandtschaften der Wortbedeutungen einer Sprache. Stellen wir uns die Wörter einer Sprache einmal sehr bildlich und buchstäblich als „Wortschatz" vor und denken wir uns diesen „Schatz" als bestehend aus vielen „Münzen", also den einzelnen Wörtern, so nehmen wir sozusagen diese „Münzen" unter die Lupe. Wir stellen fest: Manche „Münzen" sind uralt, sie haben Krusten und Staubschichten angesetzt, die es uns nicht leicht machen, die Prägung – also ihre Bedeutung – zu entziffern und damit auch zu verstehen. Manch andere Ausdrücke hingegen sind erst vergleichsweise jung, ihre Prägungen sind gut erkennbar, ja vielleicht sind die Münzen gar noch im Umlauf und uns daher aus dem täglichen Umgang gut vertraut. Manche dieser Münzen wiederum sind nur in bestimmten Regionen gültig – ihre Prägungen, ihre Bedeutungen sind auch nur innerhalb dieser Regionen zu verstehen, in anderen bleiben sie notgedrungen unverständlich. Wieder andere sind im Laufe der Zeit unansehlich geworden und man verzichtet darauf, sie zu verwenden.
Manche Münze, die uns als „typisch deutsch" erscheint, entpuppt sich bei näherem Hinsehen als „Leihstück", das vor Generationen aus einer anderen Kultur in unseren Schatz gelangt ist. Wie stolz war doch der gute alte Turnvater Jahn vor hundert Jahren, als er für die Bezeichnung der von ihm betriebenen Kunst ein vermeintlich „urdeutsches" Wort entdeckte. Es ließ sich sogar auf das althochdeutsche Wort *turnen*, was soviel bedeutet wie „drehen, wenden" zurückführen und ist verwandt mit dem frühneuhochdeutschen Substantiv *Turner*, das „junger Soldat, munterer Geselle" bedeutet. Dennoch: Ursprünglich handelt es sich um ein Lehnwort aus dem Lateinischen, *tornare* („mit dem Dreheisen rundum drehen"). Umgekehrt zeigt sich der Einfluss des Deutschen wie z. B. bei „*zeitgeist*" im Englischen oder *la bière* im Französischen, was doch buchstäblich „unser Bier" ist.
Tatsache bleibt, dass die Sprachen der Welt immer schon in Kontakt zueinander standen und sich im Laufe dieses Kontaktes auch wechselseitig beeinflusst haben. Diese Sprachkontakte und die mit ihnen verbundenen dynamischen Veränderungen werden heute, im Zeitalter der globalen und blitzschnellen Massenkommunikation, noch anwachsen und bedeutender werden.
Dieses Büchlein möchte seine Leserinnen und Leser über den selbstverständlichen Alltagsgebrauch von Sprache hinausführen und zu einer Reflexion über ihre dynamischen Verflechtungen anregen. Wenn sich Sticker und Briefmarken, die Autogrammkarten von Sportgrößen und Filmstars sammeln lassen – warum dann nicht auch Geschichten von Wörtern?

Danksagung

Hiermit möchte ich mich herzlich bedanken bei Jürgen Hüholdt für seine anfeuernde Begeisterung und dafür, dass er mir weitgehend freie Hand bei der Gestaltung dieses Buches ließ, bei Paul F. und Brendan-Martin Botheroyd dafür, dass sie mir die technische Seite abgenommen und unermüdlich Korrektur gelesen haben und bei Maj-Catherine Botheroyd für die exzellente Verpflegung. Nicht zu vergessen sind die Herren Heu-Tieger, D. Gray und J. P. Archmardi, die für ein warmes, entspanntes Arbeitsklima sorgten.

Sylvia Botheroyd

Weiterführende Literatur

Mehr als ein Appetithäppchen kann eine Sammlung von ca. 300 Wörtern und deren Etymologien nicht sein. Wer aber Appetit bekommen hat auf die deutsche Sprache als Ganzes, wie sie heute in Deutschland, Österreich und der Schweiz geschrieben und gesprochen wird, der kann sich weiter hineinlesen.

Ich empfehle weitere kleinere Sammlungen, z.B.:

Klaus Bartels, Wie Berenike auf die Vernissage kam:
77 Wortgeschichten,
Darmstadt: Wissenschaftliche Buchgesellschaft, 1997.

Paul Gessler, Griechische Fremd- und Lehnwörter im Deutschen, Riehen/Basel, 1967.

Waltraud Legros, Was die Wörter erzählen:
Eine kleine etymologische Fundgrube, München: dtv, 1997. °

Heinrich Scheffler, Wörter auf Wanderschaft:
Schicksale von Wörtern und Redensarten, Pfullingen, 1986.

Ein kleineres Wörterbuch:

Lutz Mackensen, Ursprung der Wörter:
Etymologisches Wörterbuch der deutschen Sprache,
Frankfurt a. M. usw.: Ullstein, 1988. °

Und dann erst die großen Wörterbücher:

Der Duden in 12 Bänden, Bd. 7:
Etymologie, Herkunftswörterbuch der deutschen Sprache,
Mannheim usw., 1989.
Duden für Schüler, Wortgeschichte:
Herkunft und Entwicklung des deutschen Wortschatzes,
Mannheim usw., 1987.

Etymologisches Wörterbuch der deutschen Sprache,
München: dtv, 1995.°

Friedrich Kluge, Etymologisches Wörterbuch der deutschen Sprache, 23. Auflage,
Berlin usw.: de Gruyter, 1995.

Heinz Küpper, Wörterbuch der deutschen Umgangssprache,
Stuttgart usw.: Pons, 1987.

Die mit Gradzeichen° versehenen Titel sind Taschenbücher; eure/Ihre Stadtbücherei hat fast alle diese Titel in ihren Regalen.

Viel Spaß wünscht euch/Ihnen Sylvia Botheroyd

Zur groben Zeitorientierung	Indoeuropäisch	5000–1000 v. Chr.
	Keltisch	1000–500 v. Chr.
	Germanisch	ab 500 v. Chr.
	Hochdeutsch	500 n. Chr.
	Althochdeutsch	700–1150
	Mittelhochdeutsch	1150–1450
	Neuhochdeutsch	seit 1450

Die wichtigsten indoeuropäischen Sprachen bzw. Sprachgruppen sind:
Hethitisch, Indisch, Iranisch, Keltisch, Griechisch, Lateinisch, Baltisch, Slavisch, Germanisch.

Die wichtigsten romanischen Sprachen sind:
Französisch, Italienisch, Portugiesisch, Rumänisch, Spanisch.

Die wichtigsten germanischen Sprachen sind:
Englisch, Deutsch, Dänisch, Niederländisch, Schwedisch, Norwegisch.